Das Buch

Bettina Böttinger befragt in ihrer beliebten Fernsehshow Prominente aus Kultur und Politik. Mit diesem Buch ging sie einen Schritt weiter: Sie besuchte zwölf ganz unterschiedliche Frauen und sprach mit ihnen über ihr Leben zwischen Privatsphäre und Öffentlichkeit. Die Interviews und ihre Beobachtungen faßte Bettina Böttinger in einfühlsamen Porträts zusammen, die die Frauen in ihrer ganzen Persönlichkeit nachzeichnen. Die direkte und doch sensible Art, mit der Bettina Böttinger auf ihre Gesprächspartnerinnen einzugehen vermag, entlockte ihnen manches private Detail. So plauderte Heike Makatsch aus, was sie zum Dahinschmelzen bringt, und Hildegard Hamm-Brücher erzählte von den Hieben, die sie als Politikerin auch von liberalen Parteifreunden erhielt.

Die Autorin

Bettina Böttinger, geboren 1956 in Düsseldorf, ging nach dem Studium der Germanistik und Geschichte in den Journalismus. Nach unterschiedlichen Radio- und Fernsehtätigkeiten beim WDR moderierte sie von 1991–1994 die erfolgreiche WDR-Medienshow *Parlazzo*. Seit September 1993 ist sie Moderatorin der wöchentlichen Talk-Show *B. trifft* im WDR-Fernsehen.

Bettina Böttinger

Als Frau erst recht

Zwölf Porträts

Ullstein

Dank an Marion

Ullstein Taschenbuchverlag 2000
Der Ullstein Taschenbuchverlag ist ein Unternehmen
der Econ Ullstein List Verlag GmbH & Co. KG, München
© 2000 by Econ Ullstein List Verlag GmbH & Co. KG, München
© by Econ Verlag in der Verlagshaus Goethestraße GmbH & Co. KG, München
Lektorat: Krista Maria Schädlich
Umschlagkonzept: Lohmüller Werbeagentur GmbH & Co. KG, Berlin
Umschlaggestaltung: Christiane Setzwein
Titelabbildung: © WDR / Gaby Winkler
Druck und Bindearbeiten: Ebner Ulm
Printed in Germany
ISBN 3-548-35965-5

INHALT

»Das kann die nicht!« – Das sei ein Satz, der sie beflügelt. Als Heide Simonis mir das im Besuchszimmer der schleswig-holsteinischen Landesvertretung in Bonn mit all ihrem Temperament präsentierte, mußte ich erst einmal lachen. Wer hat diesen Spruch nicht schon mal gehört? Oder besser gefragt: Welche Frau hat sich darüber nicht schon mal geärgert? Die hier porträtierten zwölf Frauen haben eine Gemeinsamkeit: Sie haben sich nicht davon abhalten lassen, ihren Weg sehr selbstbewußt zu gehen. Auch wenn das Selbstwertgefühl der meisten erst einige Knicke in Kauf nehmen mußte!

Alle zwölf (es sind dreizehn – die Kessler-Zwillinge!) konnte ich in meiner WDR-Sendung »B.trifft« bereits begrüßen, aber die nun vorliegenden Beschreibungen sind keine Nacherzählung der Begegnungen vor der Kamera. Mit allen habe ich mich noch einmal, am liebsten zu Hause, getroffen und ohne Kamera lange Gespräche geführt. Einzige Ausnahme ist

Laura Waco, die in Los Angeles lebt. Der Grad der Prominenz spielte bei der Auswahl übrigens eine nachgeordnete Rolle. Ausschlaggebend war für mich das persönliche Interesse an Lebenswegen, die mitunter seltsame Kurven nehmen – und natürlich auch Sympathie.

Ich danke den zwölfen (pardon – den dreizehn!) für ihre Geduld und ihr Vertrauen!

HEIDE SIMONIS

Heide Simonis wird am 4. Juli 1943 in Bonn geboren. Sie studiert Ökonomie und Volkswirtschaft in Erlangen/Nürnberg und Kiel. Ihren Ehemann Udo lernt sie an der Universität kennen und heiratet ihn 1967 kurz nach ihrem Examen. Mit ihm verbringt sie ein Jahr in Sambia als Lektorin an der Universität Lusaka, anschließend Japan. Dort unterrichtet sie Deutsch am Goethe-Institut und arbeitet daneben als Marketing-Researcher bei Triumph International. 1972 bis 1976 Berufsberaterin beim Arbeitsamt in Kiel. Bereits seit 1969 Mitglied der SPD, wird sie 1971 Stadträtin in Kiel. Mit 33 Jahren wird Heide Simonis 1976 über ein Direktmandat jüngste Abgeordnete im Bundestag. Von 1988 bis 1993 Finanzministerin Schleswig-Holsteins, im April 1992 Einzug in den Landtag. Im November 1993 wird sie Mitglied des SPD-Parteivorstandes. Seit Mai 1993 regiert sie als Ministerpräsidentin das Land Schleswig-Holstein, als erste Frau Deutschlands an der Spitze eines Bundeslandes.

»Das kann die nicht«

Karriere hin, Karriere her – im Grunde genommen war Heide Simonis immer felsenfest davon überzeugt, daß an ihr eine Sängerin verlorengegangen ist. Wegen der schönen Singstimme. Bis zu jenem Tag, an dem sie in meiner Sendung »B.trifft« ohne Vorwarnung Karaoke singen mußte. Es war das Lied »Ein bißchen Frieden« von Nicole, dessen Text wir ihr auf dem Monitor präsentierten. Was dann geschah, klang schauerlich. Aber Heide Simonis ist keine Frau, die sich unterkriegen läßt, und nachtragend ist sie offensichtlich auch nicht. Schließlich hat sie mich, die ich ihr die Stimm-Illusion raubte, zum Gespräch in die schleswig-holsteinische Landesvertretung nach Bonn eingeladen.

Die Sitzung, aus der sie gerade kommt, hat länger gedauert als erwartet, aber ihr Sitzfleisch ist bekanntermaßen gut trainiert und schier unendlich belastbar. Sie hat nach eigenem Bekunden früh erkannt, daß mindestens die Hälfte des Erfolges dem Hintern zu verdanken sei und nicht etwa dem Hirn. Sie wirkt entspannt, gutgelaunt und bittet um einen grünen Tee.

Irgend etwas vermisse ich an ihr. Das Wort Typberatung schießt mir durch den Kopf. Immerhin gilt ihr modischer Geschmack als ausgesprochen extravagant, zumindest, was die Accessoires angeht. An ihren Händen sind schon bis zu 14 Ringe gezählt worden. Gewagte Brillenmodelle, die schwungvoll bis schmetterlingsartig ihr Gesicht dominieren, wurden ihr Markenzeichen, und ihr Hang zu ausgefallenen Hutmodellen ist sprichwörtlich. Heute trägt sie einen klassischen schwarzen Hosenanzug, schlichte, farblich passende Schuhe und eine eher unauffällige Brille. Daß ihre persönliche Referentin an dem Gespräch teilnimmt, deute ich als Sicherheitsmaßnahme. Schließlich ist Heide Simonis bekannt dafür, daß sie gelegentlich sehr schnell denkt und noch schneller redet und schon in so manchen Fettnapf trat. Dafür, daß sie Rudolf Scharping in einer Phase, als es für ihn auch in der eigenen Partei schwierig wurde, einen Autisten genannt hat, hat sie sich später entschuldigt. Daß sie 1987, als der damalige SPD-Chef Willy Brandt die parteilose Margarita Mathiopoulos zur neuen Vorstandssprecherin küren wollte, öffentlich fragte, ob er sich einen solchen Fehler wirklich leisten könne oder nicht doch lieber aufhören wolle, wies sie in einem Maße als undiplomatisch aus, das für einen Spitzenpolitiker ungewöhnlich bis gefährlich ist. Und als sie in der Talk-Show »Boulevard

Bio« über ihre Wochenendehe erzählte und sich über die Dämlichkeit ihres Mannes in praktischen Belangen ebenso ausließ wie über die Annäherungsschwierigkeiten der beiden bei Ferienanfängen (nach kurzer Zeit pflege sie auszusteigen, in der festen Überzeugung, mit so einem Idioten nicht einen Kilometer weiterzufahren), war die Fernseh-Nation verstört und Heide Simonis sicher, daß ihr Witz nicht mehrheitsfähig ist. Seitdem ist die Regierungschefin vorsichtiger geworden. Auch wenn sie es sich nicht nehmen läßt, Helmut Kohl wegen seines Fernbleibens bei der Jubiläumsfeier »50 Jahre UNO« einen »eingebildeten Pinsel« zu nennen. Und zwar nicht etwa in trauter sozialdemokratischer Runde, sondern live während eines Interviews mit dem Deutschlandfunk. Ihr Referent war einer Ohnmacht nahe. So etwas sagt man hierzulande nicht. Aber Heide Simonis sagte es trotzdem, weil sie es dem Bundeskanzler als Arroganz auslegte, daß er nicht zu den UNO-Feierlichkeiten in New York erschienen war. Nun gut, meint sie strahlend, immerhin habe sie sich später bei der Malerinnung für den »eingebildeten Pinsel« entschuldigt. Der Kanzler sagte bei passender Gelegenheit, sie sei einfach keine Dame.

Die beiden mögen sich nicht, das ist kein Geheimnis. Sie sprengt halt sein Frauenbild. Streitlustig, politisch kompetent und eigenwillig – das sind Eigenschaften, an die sich so mancher noch gewöhnen muß. Die erste Frau, die in Deutschland an die Spitze eines Bundeslandes gelangt ist, kostet nicht nur die politischen Gegner in anderen Parteien Nerven. Sie stellt sozialdemokratisches Urgedankengut, wie den Glauben an die Vollbeschäftigung, in Frage, plädiert als Finanzexpertin für eine allgemeine Grundrente aus dem allgemeinen Steueraufkommen und hält das Beamtentum des alten Schlages für unzeitgemäß. Als sie nach dem grandiosen Wahlsieg der englischen Labourpartei gefragt wurde, ob die SPD auch einen Tony Blair hätte, antwortete sie mit einem schlichten Nein. Armer Gerhard Schröder! Ihre große Klappe analysiert Heide Simonis als Geburtsfehler, der sich in einem äußerst beweglichen Adrenalin-Spiegel und einer rheinischen Schnodderschnüss ausdrückt.

Es ist kein Zufall, daß ausgerechnet Heide Simonis regelmäßig gefragt wird, ob es nicht an der Zeit sei, über eine geeignete Bundeskanzlerin nachzudenken. Sie pflegt dann hübsch ironisch zu antworten, die deutschen Männer seien einfach noch nicht soweit. Ausgerechnet sie hat eine solche steile politische Karriere hingelegt, sie, die in den ersten Ehejahren die Rolle einer »begleitenden Gattin« spielte. Die damalige Studentin der Volkswirtschaft hatte sich in ihren Dozenten verliebt, aber heiraten wollte sie damals auf keinen Fall. Dann erhielt er 1967 einen Ruf nach Sambia, um dessen Präsidenten in Fragen der Ökonomie zu beraten. Für den gemeinsamen Aufenthalt dort mußten die beiden verheiratet sein, und Heide Simonis ist ein pragmatischer Mensch. Am 4. Juli feierte sie ihren 24. Geburtstag, drei Tage später ihr

Examen und nach drei Wochen die Hochzeit. Anschließend machten sie sich sofort auf nach Afrika. Immerhin haben die beiden längst Silberhochzeit gefeiert, und auf dem langen Weg dorthin legten sie noch eine mehrjährige Station in Tokio ein, weil Ehemann Udo als Habilitant ein Stipendium der japanischen Regierung erhielt. Sie, die diplomierte Gattin, machte dieses und jenes, arbeitete mal als Lektorin für Deutsch an der Uni Lusaka, dann für Sambia Airways, dann fürs Goethe-Institut.

Im Jahre 1969 tritt Heide Simonis in die SPD ein, in die SPD Willy Brandts, der für sie glaubhafte und soziale Politik verkörperte. Zwei Jahre später wird sie Kieler Stadträtin, und 1976 erregt sie zum erstenmal bundesweites Aufsehen. Sie jagt dem populären CDU-Bauernvertreter Karl Eigen im ländlichen Wahlkreis Rendsburg-Eckernförde das Direktmandat für den Bundestag ab und wird mit 33 Jahren jüngste Abgeordnete im Bonner Parlament. Als erste sozialdemokratische Frau stürmt sie die Männerdomäne Haushaltsausschuß, auch wenn sie an die Anfänge dort mit leichtem Grauen zurückdenkt. Einmal konnte sie dort die Tränen nicht zurückhalten, nachdem alle ihre Vorschläge abgeschmettert worden waren. Selbst bei den eigenen Genossen, die die junge Kollegin ganz bewußt hatten ins Messer laufen lassen. So hat sie es empfunden und vor Wut geheult.

Aber eine Heide Simonis gibt nicht auf. »Das kann die nicht!« – ein Satz, der sie beflügelt. »Das Durchsetzungsvermögen habe ich meiner Mutter zu verdanken.« Ausgerechnet ihrer verstorbenen Mutter, zu der sie ein ausgesprochen schwieriges Verhältnis hatte? »Wir sind miteinander nicht warm geworden«, stellt Heide Simonis nüchtern fest, und erstaunlicherweise klingt nicht eine Spur Verbitterung durch. Nicht darüber, daß sie zeit ihres Lebens immer nur Druck verspürte und nie auch nur einen Hauch mütterlicher Liebe. Irgend etwas stand zwischen der Mutter und der Erstgeborenen. Ihre nur ein Jahr jüngere Schwester wurde geradezu mit Affenliebe überschüttet. Die Kleinere durfte alles, Heide nichts und war gerade deshalb immer schuld.

Die Mutter hatte einen Offizier geheiratet und in rascher Folge drei Töchter geboren, die erste, Heide, im Kriegsjahr 1943. Nach Ende des Hitler-Reiches folgten schwere Jahre im rheinischen Bonn. Die Mutter, ohne Berufsausbildung, war gezwungen mitzuarbeiten, die älteste Tochter mußte ins Kinderheim. Das erste war in Bad Soden. Da war sie gerade drei Jahre alt. Heide Simonis erinnert sich noch lebhaft an ihren ersten Asthmaanfall. Sie wurde nachts wach, in völliger Dunkelheit, und hatte absolut keine Vorstellung, wo sie war. Sie spürte nur noch, wie ihr die Luft wegblieb. Das nächste Kinderheim stand in Bad Reichenhall und das danach im Westerwald. Die Atemnot blieb, aber wenigstens war es nicht mehr so weit weg von zu Hause. Mit zehn kam sie dorthin zurück, die Lage war nicht gerade entspannter zwischen der Mutter und ihr. Nein, zärtliche Gefühle aufzubauen war nicht drin, es war gruselig, einfach gruselig. Die Mutter hielt körperliche Züchtigungen, auch härterer Art, für angemessen.

Aber auch wenn sich Heides Selbstwertgefühl um den Nullpunkt bewegte, hatte sie zumindest eins: eine große Klappe. Die wusch die Mutter dann mit Seife aus, um der Tochter die Widerworte abzugewöhnen. Ohne dauerhaften Erfolg. Wenigstens hielten die drei Schwestern zusammen wie Pech und Schwefel. Und am Vater hingen alle, auch wenn der in seiner lieben Art der Mutter in ihrer verbitterten Strenge nie Einhalt gebot. Natürlich war es schwer, mit all dem fertigzuwerden, räumt die Ministerpräsidentin ein. Aber was hatten die Frauen dieser Generation denn überhaupt für Möglichkeiten? Wie schwer muß ihrer Mutter das Leben im und nach dem Krieg gefallen sein. Ihr Traummann, der Offizier, wurde nach dem Ende des Dritten Reiches Verwaltungsbeamter. Sie mußte erst wegen ihrer drei kleinen Töchter den Beruf aufgeben, dann doch wieder mitverdienen, weil es vorne und hinten nicht reichte. Träume oder gar Erfolge hatten Frauen in dieser Zeit nicht zu haben, das Wort Selbstverwirklichung kannte man noch nicht. Es waren harte Zeiten, und mit ihnen wurden viele Menschen hart.

Was die Tochter machte, war entweder ganz falsch oder aber nicht genug. Das hat sich zeit ihres Lebens nicht geändert. »Das schaffst du nie!« war der mütterliche Satz schlechthin. Daß ihre älteste Tochter in der Gosse landen würde, stand mit der Benutzung des ersten Lippenstiftes unumstößlich fest. Noch als Bundestagsabgeordnete bekam sie augenblicklich Ausschlag, wenn die Mutter ihren Besuch ankündigte. Als Björn Engholm Heide Simonis zur schleswig-holsteinischen Finanzministerin machte und sie sich vor Glückwünschen kaum retten konnte, bemerkte ihre Mutter nur knapp, warum es denn ausgerechnet diese Partei sein müßte. Wäre es eine andere gewesen, hätte das auch nichts genutzt. Heide Simonis hat das irgendwann begriffen, und seitdem schmerzt es nicht mehr. Auf die Gratulation zur ersten deutschen Ministerpräsidentin hat sie gar nicht mehr gewartet.

Analyse ist ihre Stärke, auch in der Politik. Aber glücklicherweise ist ihre Sachlichkeit gepaart mit massiver Lebensfreude. An Norddeutschland habe sie sich als Rheinländerin erst mal gewöhnen müssen, anfangs fand sie die Weinauswahl in vielen Lokalen einfach deprimierend. Ihr Temperament wird geschätzt und gefürchtet. Natürlich, gibt sie unumwunden zu, kann sie auch mal ausflippen. »Problemlösung auf hohem Niveau!!« nennt sie das lachend. Manchmal beobachte sie viele ihrer Kollegen und denke so bei sich »Ei, wo laufen sie denn? Da fehlt mir dann doch gelegentlich der nötige Ernst.« Heide Simonis ist seit 1993 Ministerpräsidentin. Ihre Vorgänger im Amt hießen Uwe Barschel und Björn Engholm. »Ich bin mit Sicherheit die Fröhlichste von allen!«

CHRISTIANE HÖRBIGER

Christiane Hörbiger wird 1938 als Tochter der Burgtheater-Schauspieler Attila Hörbiger und Paula Wessely in Wien geboren. Nach dem Realgymnasium und der Handelsschule in Wien setzt sie sich mit 16 Jahren gegen ihre Eltern durch und beginnt eine Ausbildung zur Schauspielerin auf dem Max-Reinhardt-Seminar. Ihr Bühnendebüt gibt sie 1957 am Wiener Burgtheater in Lessings »Nathan der Weise«, geht aber dann für einige Zeit an die Städtischen Bühnen in Heidelberg. Nach Wien zurückgekehrt, gehört sie bis 1966 zum Ensemble des Burgtheaters. Von 1967 bis 1985 ist sie am Schauspielhaus Zürich engagiert. Nach der Scheidung von ihrem ersten Mann, dem Regisseur Wolfgang Glück, heiratet sie den Schweizer Journalisten Dr. Rolf Bigler, mit dem sie ihren Sohn Sascha bekommt. Rolf Bigler stirbt 1978 an einem Herzinfarkt. Christiane Hörbiger arbeitet seit 1985 als freie Schauspielerin, steht sowohl auf der Bühne als auch vor der Kamera. Sie erhält u. a. den Bayerischen Filmpreis für »Donauwalzer« ('87), die Goldene Kamera für »Das andere Leben« ('88), den Bambi für »Schtonk« ('92) und das Filmband in Gold für »Alles auf Anfang« und »Tafelspitz« ('94). Zweimal, 1992 und 1996, wird sie mit dem »Romy« für die beliebteste Schauspielerin ausgezeichnet.

»Wissen Sie, ich wäre nicht so gerne das Abbild«

Um es gleich vorweg zu sagen: Christiane Hörbiger ist für mich eine Dame. Und dies meine ich durchaus hochachtungsvoll. Eine Frau also, die immer und überall die Beherrschung behält, stets den richtigen Ton trifft, erotische Ausstrahlung besitzt und selbst den muffigsten Taxifahrer veranlaßt, ihr bei strömendem Regen die Wagentür aufzuhalten. Sie selber findet es reizvoll, die Dame auch dann weiterzuspielen, wenn die Situation bereits groteske Züge hat, und holt zu einem bemerkenswerten Beispiel aus. In einem vornehmen Restaurant zu essen und dem Kellner höflich lächelnd zu bedeuten, es rieche doch etwas seltsam, wohl wissend, daß der Ober höchstselbst auf den Teppich geschissen habe, das sei doch schon sehr komisch.

Ich bin mir nicht sicher, ob ich richtig gehört habe, aber da setzt auch schon dieses Christiane-Hörbiger-Lachen ein, das glucksend von tief unten kommt und so gar nicht damenhaft wirkt, sondern fett ihre

Lust am Absurden unterstreicht. Es ist nur eine Variante auf ihrer weitgefächerten Lach-Skala. Die reicht von freundlich-nettem Lächeln über das leicht ironische Mundwinkel- und Augenbrauen-Hochziehen bis zu gelöstem lautem Loslachen, bei dem das Schenkelklopfen selbstverständlich unterbleibt, denn sie ist und bleibt schließlich eine Dame. Dabei merkt sie noch scheinbar nebensächlich an, Dame zu sein sei auch wie ein Korsett, das man anhat und das einem Schutz bieten kann.

Wir treffen uns in dem Kölner Hotel, in dem sie immer dann wohnt, wenn sie in Köln Drehtage hat. Im gläsernen Aufzug schwebt sie zur Lobby hinunter. Sie trägt einen schlichten hellblauen Wollpullover und Jeans und ist ungeschminkt. Oder sieht zumindest so aus. Der Rezeptionist empfiehlt uns einen bestimmten Saal, um garantiert ungestört zu sein, und wir begeben uns nach der Bestellung von zwei Cappuccini auf die Suche. Fündig geworden, stehen wir in einem von ausladenden Kronleuchtern beherrschten, riesigen Ballsaal, der eingemottet zu sein scheint. Alle Tische sind hochgeklappt, Hunderte von Stühlen übereinandergestapelt, die schweren Vorhänge zugezogen. Nach wenigen Handgriffen haben wir geschafft, es uns gemütlich zu machen, und Christiane Hörbiger wirkt wie so oft sichtlich erheitert.

»Ich habe eine Sehnsucht nach Komik«, habe ich sie in einem Fernseh-Interview sagen hören, und als nach etwa einer Viertelstunde die Doppeltür aufge-

rissen wird und ein durchaus wichtigtuender Hotel-
mensch einer Interessentengruppe die Vorteile des
Saales erläutert, ohne uns auch nur eines Blickes zu
würdigen, ist sie, die Unerkannte, wieder auf das
köstlichste amüsiert. Dabei ist ihr Bekanntheitsgrad
seit Jahren enorm hoch. Schon früh hat sie sich als
Theater- und Filmschauspielerin einen Namen gemacht, zunächst in Österreich, dann in der Schweiz.
Schlagartig populär wurde sie als Gräfin in der Fern-
sehserie »Das Erbe der Guldenburgs«, Gräfin gewissermaßen als geadelte Steigerung von Dame. Schauspielerin sei sie – übrigens gegen den ausdrücklichen
Wunsch der berühmten Mutter – eigentlich nur aus
einem Grund geworden: »Mir jeden Mann auszusu-
chen, der mir gefällt!« Und die ersten Männer an ihrer
Seite hat sie mit nicht unerheblichem Stolz im Elternhaus präsentiert. »Ich hatte manchmal so das Gefühl,
wie ein kleiner Hund die Wurst vor die Tür legt oder
die Katze eine erlegte Maus – so wollte ich einen
besonders feschen Kerl zwischen meinen Zähnen vor
meine Mutter legen.« Vor die strenge, kühle, unver-
gleichliche Paula Wessely. Mittlerweile müsse sie sich
damit abfinden, daß die Blicke der jungen, feschen
Männer – sie sagt wirklich »fesch« – sie im Vorüber-
gehen nur noch kurz streifen, nicht mehr verweilen,
dafür eher die der Frauen ab vierzig, die sie erkennen. So gleiche der Bekanntheitsgrad das andere, Ver-
lorengegangene gerechterweise doch wieder aus.
Und wenn sie so etwas sagt, mit ihrem leichten Wiener Akzent und ihrem Lächeln, das nie süßlich wirkt,

viel eher ironisch, weiß man nie so recht, wie ernst sie es meint.

Wie sie in diesem seltsamen leeren Ballsaal vor ihrem Cappuccino sitzt, gutgelaunt, aufgeräumt, ohne eine Spur des Stresses eines noch vor ihr liegenden Drehtages, wirkt Christiane Hörbiger auf mich wie eine Frau, die mit sich und dem Leben im reinen ist. Ja, sie sei rundum zufrieden. Früher, da sei sie unglücklich über ihr Aussehen gewesen, unsicher in fast allem, was sie tat, unselbständig als Frau. Aber sie habe es geschafft, sich ein Selbstwertgefühl aufzubauen, schließlich wolle sie sich nicht ihre restlichen Lebensjahrzehnte kaputtmachen. »Alle meine Leistungen« – so hat sie es in ihrer Biographie formuliert – »haben eine Überwindung von Angst bedeutet. Textangst, Verhungerungsangst, Lebensangst.« Man kennt sie zur Genüge – die Geschichten der Kinder berühmter Eltern, die sich ihr Leben lang abrackern und trotzdem wie August Goethe immer der Dumme bleiben.

Das Schauspielerehepaar Paula Wessely und Attila Hörbiger – ein Mythos. Als Schauspielerin das Erbe der Hörbigers anzutreten, war ein schweres, ein fast unmögliches Unterfangen. Es war aber wohl nicht diese Sorge, die Paula Wessely ihrer Tochter vorschreiben ließ, statt zur Bühne zur Handelsschule zu gehen. Daß ihre eigene Tochter irgendwann in Konkurrenz zu ihr treten könnte, war sicherlich kein Gedanke, der sie sonderlich erfreute. Und als Konkurrentin habe sie ihre Mutter immer schon erlebt.

Beim Blick in den Spiegel schieße ihr in letzter Zeit öfter der Gedanke durch den Kopf, sie schaue ihrer Mutter immer ähnlicher, und sie fügt ein lautes »um Gottes willen« hinzu und die Bemerkung, damit habe sie nun gar nicht gerechnet. »Eine Vorstellung, die ich nicht so furchtbar gerne habe.« Was, wenn eine gebürtige Wienerin dies sagt, die noch dazu eine Dame ist, wohl heißen soll, sie findet es furchtbar. Aber um nur ja nicht unverschämt der Mutter gegenüber zu wirken, erläutert sie: »Wissen Sie, ich wäre nicht so gerne das Abbild, sondern ich selber!«

Als sie dann doch ihren eigenen Kopf durchgesetzt hatte und 1957 zum erstenmal als Recha in »Nathan der Weise« auf der Bühne des Burgtheaters stand, wurde sie von der Kritik »die unbegabte Tochter der Paula Wessely« genannt. Das saß. Es ist wohl ihrer Disziplin zu verdanken, daß sie nicht aufgab. Ihre schärfste Kritikerin aber war ausgerechnet ihre Mutter, die schon sehr verletzend sein konnte. Und natürlich lächelt Christiane Hörbiger, wenn sie so etwas sagt, und gibt sich die Schuld für viele Verletzungen, die sie hat einstecken müssen. Sie selber habe die Mutter ja lange Zeit »als die Bibel genommen«. In vielen Dingen hatte sie ja auch sehr, sehr recht. Und sie konnte sich so haarscharf, so auf den Punkt ausdrücken. Aber sie hatte nicht immer recht, setzt sie dann doch noch nach, die Tochter, die von sich sagt, sie sei erst nach ihrem 40. Geburtstag erwachsen geworden. Als sie mit 41 Jahren, bereits einmal geschieden und einmal verwitwet, mit ihrem neuen Liebhaber einen Urlaub antrat, erreichte die Eltern der Anruf eines angeblich um die Moral besorgten Zeitgenossen. Schließlich sei der neue Mann an der Seite ihrer Tochter 14 Jahre jünger, und da müßte die elterliche Gewalt doch wohl greifen. Die ewige Tochter konnte nicht so recht fassen, was sich da abspielte. Sie bekam sogar Briefe zu diesem höchst spannenden Zürcher Klatschthema, einer voll des Lobes und der Bewunderung für ihren Mut, offen zu einer solchen Beziehung zu stehen. »Ja, ich konnte ihn doch nicht unterm Bett verstecken!« Ihre Mutter ließ sich übrigens wegen dieser Geschichte nicht aus der Fassung bringen, in Fragen der sogenannten bürgerlichen Moral war sie durchaus liberal.

Ihre Mutter sei schon eine sehr kühle Frau gewesen, anteilnehmende Gespräche oder Liebesbezeugungen habe es halt einfach nicht gegeben. An eine einzige Zärtlichkeit könne sie sich erinnern. Das könne man natürlich heutzutage psychologisch aufarbeiten und sicherlich vieles der eigenen Entwicklung damit erklären, aber die Zeiten waren ja früher anders. Was wohl heißen soll, daß sie ihrer Mutter keine Vorwürfe machen will. Nur in einem einzigen Fall: ihr, der Tochter, niemals die Wahrheit gesagt zu haben über das Verhalten der Eltern während der Zeit des Nationalsozialismus.

Als 1996 das Buch »Paula Wessely – Die verdrängten Jahre« in Wien erscheint, hat die Autorin Maria
Steiner damit ein überaus heikles Thema öffentlich
angesprochen: Die, wie es von der Autorin heißt, »von
Paula Wessely mitgetragene Propagierung der nationalsozialistischen Expansionspolitik«. In den fünf
zuvor erschienenen Biographien über die Star-Schau-
spielerin waren diese Jahre weitgehend ignoriert
worden. Natürlich war bekannt, daß sie wie auch ihr
Ehemann beispielsweise in dem Propagandafilm
»Heimkehr« die Hauptrollen gespielt hatten. Aber
die österreichische Nachkriegsgesellschaft wollte sich
das Bild ihres beliebten Schauspielerehepaares blü-
tenweiß-sauber erhalten und deckte den Mantel des
Vergessens über die enge Zusammenarbeit mit den
Nazis. Selbst als 1985 das Theaterstück »Burgtheater« von Elfriede Jelinek in Bonn uraufgeführt wurde, in dem sie das opportunistische Verhalten einer
österreichischen Schauspielerfamilie im Nationalsozialismus parodiert und den Mythos Wessely durch
Zitate aus Wessely-Filmen entlarvt, richtet sich die
Aufregung allein gegen die Dramatikerin, nicht etwa
gegen die enttarnten Schauspieler. Es dauert lange,
bis sich Christiane Hörbiger ein Herz nimmt und das
Thema bei ihrer Mutter anspricht. Nicht nur in der
österreichischen Gesellschaft, auch zuhause war die
Zeit des Nationalsozialismus immer tabu gewesen. Es
fällt ihr so schwer, gegen die kühle Ausflucht ihrer
Mutter anzufragen, daß sie mehrere Obstschnäpse
hinunterkippt, um nicht aufzugeben. Bis drei Uhr

früh habe sie durchgehalten. Aber die Frage, die ihr die wichtigste war, sei trotzdem unbeantwortet geblieben. Wie nur hatte sie in dem Nazi-Haßpropagandafilm »Heimkehr«, dem Goebbels das Prädikat »Film der Nation« verliehen hat, diesen einen Satz sagen können: »Wir kaufen von keinem Juden«.

Es war mir immer ein Thema, betont Christiane Hörbiger, und die österreichische Verbindlichkeit ist aus ihrer Sprache gewichen. »Ich bin auf jüdische Menschen, auf jüdische Männer regelrecht geflogen.« Ihr erster Ehemann, Wolfgang Glück, stammte aus einer jüdischen Familie. Auf ihrer Hochzeitsreise Anfang der sechziger Jahre durch Italien macht sie die ebenso spontane wie unbedarfte Bemerkung: »Das könnte noch uns gehören, wenn wir den Krieg nicht verloren hätten!« Der junge Ehemann war wie vom Donner gerührt, fuhr rechts an den Straßenrand und fügte trocken hinzu, dann wäre niemand aus seiner Familie noch am Leben. Die Ungeheuerlichkeit ihres Satzes sei ihr einfach nicht bewußt gewesen, vieles habe sie unbedacht von den Eltern nachgeplappert. Als sie das Buch über »Die verdrängten Jahre« ihrer Mutter zum erstenmal in der Auslage einer Buchhandlung habe liegen sehen, sei ihr erster Gedanke gewesen, wär' es bloß nicht erschienen! Nach dem Lesen aber hätte sie ihre Meinung geändert. Es sei ja nicht anklagend oder gar böswillig, sondern glänzend recherchiert und einfach nur Tatsachen belegend. Als Tochter habe sie nie eine Antwort auf die

Frage erhalten, ob ihr Vater Mitglied der Partei gewesen sei. Im Buch hat sie nachlesen können, daß seine Mitgliedsnummer 6295909 lautete. Hat sie das Bekenntnis ihrer Mutter für die »Heimkehr ins Reich« erstmals vor Augen gehabt. Nach dem »Anschluß« Österreichs war eine großangelegte Pseudo-Volksabstimmung durchgeführt worden, in der hohe Würdenträger der katholischen Kirche sowie zahlreiche Prominente ihre Zustimmung für die bereits vollzogene »Wiedervereinigung Österreichs mit dem deutschen Reich« erklärten. Entdeckte sie Photos, auf denen ihre Mutter, festlich herausgeputzt, an der Seite hoher Nazis zu sehen ist.

Ihr Vater hatte sich künstlerisch schon früh mit dem Gedankengut der Nazis angefreundet. Bereits 1933 hatte er am Deutschen Theater Berlin die Titelrolle in einer streng nationalsozialistisch interpretierten »Wilhelm-Tell«-Inszenierung gespielt, die von der gleichgeschalteten Kritik als »Ereignis wahren völkischen Theaters« gefeiert wurde und die begeisterte Zustimmung Joseph Goebbels fand. Bis zum Zusammenbruch des Dritten Reiches waren die Eheleute Paula Wessely und Attila Hörbiger als Schauspieler den Machthabern treu. Paula Wessely kam den Nazis wie gerufen. Sie repräsentierte den »Prototyp der zupackenden Frau, voll von Lieben und Mitleiden, ergeben in ein Schicksal, dem sie gegen alle Schläge einen Sinn abgewinnt«.

Ein besonders schmerzlicher Moment im Leben sei es gewesen, als sie die Eltern plötzlich nicht mehr als Eltern sah, sondern als selbständig denkende, verantwortliche Personen. Es sei ein schmerzlicher Prozeß zu sehen, sie waren weder besonders tapfer noch weise, noch mutig. Sondern nur durchschnittlich. So gar kein Vorbild für die Menschheit, außer, daß sie gute Schauspieler waren. Man verliere die Sicherheit des Nestes. Aber niemand, fügt sie entschuldigend hinzu, kann mit Sicherheit sagen, wie er selber damals reagiert hätte.

Ihr Sohn, der in Los Angeles lebt, sei mit einer wunderbaren Person zusammen. Eine junge Frau aus guter jüdischer Familie. Sie hat es kaum ausgesprochen, da ertappt sie sich. »Welch eine Formulierung!« ruft sie in den Ballsaal. »Gute Familie! So ein typischer alter Wiener Ausdruck!« Das sei doch scheißegal!!! Jedenfalls, sie habe sich kaum getraut, daran zu denken, auf welche Weise die beiden von diesem Buch erfahren würden. Und dann habe sie es ihrem Sohn einfach geschickt, damit er sich ein Bild machen könne.

Ihre Lieblingsbiographie sei übrigens die von Katharine Hepburn. Diese wunderbare Frau, die großartige Schauspielerin, habe über ihr Leben in ganz ehrlicher Weise geschrieben. Nicht nur über ihre Erfolge, sondern auch über ihre Niederlagen, persönlich wie beruflich. Daß sie sich getraut hat zuzugeben, dem Mann ihres Lebens, Spencer Tracy, alles nachzuordnen! Daß sie den Mut aufgebracht hat zu schildern, wie sie sich wirklich gefühlt habe in verschiedenen Lebenslagen! Manchmal wünschte sie, so etwas viel

eher gelesen zu haben. Daß ein Mensch, eine Kollegin noch dazu, so mutig ist, auch von seinen Schwä-
chen zu berichten. Irgendwie beruhigend: Auch für
andere haben ihre Leistungen eben eine Überwindung von Angst und Schwäche bedeutet.

LAURA WACO

Laura Waco wird 1947 in Freising geboren. Sie wächst mit ihren Eltern und den beiden jüngeren Schwestern Berta und Friede in München auf. Dort besucht sie nach der Volksschule die Riemer-schmid-Schule. Mit 18 Jahren kommt sie auf ein englisches College und wandert schließlich nach Kanada aus. 1968 heiratet sie den jüdischen Anwalt Howard C. Waco aus Los Angeles. Im selben Jahr kommen ihr Vater und ihre jüngste Schwester Friede bei einem Auto-unfall ums Leben. Die Mutter heiratet ein Jahr später ein zweites Mal und zieht nach Belgien. Mit 23 Jahren bekommt Laura Waco ihre erste Tochter Julie, drei Jahre später ihre Tochter Jennifer. Erst 1980 ist sie wieder zu Besuch in Deutschland – das erste Mal seit der Beerdigung ihres Vaters. Um ihre Kindheit aufzuarbeiten, schreibt sie ihr Buch »Von zu Hause wird nichts erzählt«, das 1997 im Kirchheim Verlag erschienen ist.

Laura Waco

»Die haben mir das Lieben beigebracht«

Zuerst übersehe ich sie beinahe. Laura Waco mißt nur
1,58 m und ist auch nicht gerade ein Sitzriese. Sie ist
für die Sendung fertig geschminkt worden und ver-
schwindet förmlich im Stuhl vor dem großen Spiegel.
Ihr schlankes Gesicht ist auffallend schön, sie hat
große dunkle Augen, einen wohlgeformten Mund,
und das Make-up unterstreicht ihre Blässe. Beim Versuch der Maskenbildnerin, ihr etwas mehr Farbe und
damit Frische ins Gesicht zu schminken, hatte sie lei-
se, aber deutlich abgewehrt. 50 Jahre soll sie schon
alt sein, wundere ich mich, denn trotz ihrer grauen
Haare wirkt sie ein Jahrzehnt jünger. Auch wenn in
ihren Augen eine tiefe Ernsthaftigkeit liegt.

Ich fühle mich befangen. Von den ersten Worten
hängt oft entscheidend ab, welchen Draht ich zu meinem Gast vor der Kamera werde entwickeln können,
und bei Laura Waco bin ich übervorsichtig. Ich habe
diesen inneren Zwang, mich bei Menschen, die durch

den Holocaust an Leib oder Seele Schaden genommen haben, schuldig zu fühlen und im Zweifelsfall politisch überkorrekt zu sein.

In den vergangenen Tagen habe ich ihr Buch gelesen. Wir sind beide Nachgeborene. Ihre Eltern waren Gefangene in den Konzentrationslagern Dachau und Bergen-Belsen. Mein Vater, Onkel und Großvater waren Soldaten in Frankreich, Italien und Rußland. Ich nehme fast zwangsläufig eine ernste Haltung ein, zumal das Thema der Sendung »Kindheit im Schatten des Holocaust« lautet.

Laura Waco streckt mir ihre Hand entgegen, und sie blickt mir mit einem strahlenden Lächeln ins Gesicht. Zum Glück! Ich werde ein wenig lockerer und bedanke mich dafür, daß sie die Flugreise von Los Angeles nach Köln auf sich genommen hat und bereit ist, über ihre Lebenserfahrungen zu sprechen. Die Lebenserfahrungen einer zwei Jahre nach Ende des Krieges in Deutschland geborenen Jüdin, die mit 20 Jahren ausgewandert ist und drei Jahrzehnte später ein Buch über ihre Kindheit geschrieben hat, in deutscher Sprache, deren weder ihr Mann noch ihre beiden erwachsenen Töchter mächtig sind. 70 deutschsprachige Verlage haben es abgelehnt, aber sie hat nicht aufgegeben. So wie es von ihr endlich geschrieben werden mußte, mußte es auch verlegt und gelesen werden. Von Deutschen. Von ihrer Mutter, die die unerwartete, ungewollte Lektüre mit keinem Wort kommentiert hat. Das Buch hatte ein familiäres Tabu gebrochen, und so heißt es auch: »Von zu Hause wird nichts erzählt«.

Nicht ungewöhnlich für eine Kindheit im Nachkriegsdeutschland, in dem es vor allem darauf ankam, viel zu arbeiten und wenig zu hinterfragen. Nur daß es in diesem Fall eine jüdische Familie war.

Dabei endet die Kindheit der Laura Waco genauso, wie es ihre Eltern immer gewünscht haben: Die Tochter verläßt Deutschland, und sie heiratet einen Juden. Warum sie sich fast drei Jahrzehnte später gedanklich zurückbegibt in die klaustrophobische Enge einer Kindheit, die geprägt war vom Nicht-bewältigen-Können der Eltern? Nachdem sie doch mit ihrer deutschen »Heimat« gebrochen, die deutsche Sprache jahrelang nicht gesprochen hatte? Weil ihr irgendwann klar war, daß sie dieses Kapitel Kindheit nicht abgeschlossen hatte, daß Deutschland viel mehr war als dieses ab und zu dumpf aufbrechende Heimweh. Und weil sie sich irgendwann eingestehen mußte, daß auch ihr ganzes Leben von der Shoah geprägt ist.

Laura Wacos Eltern stammen beide aus deutschsprachigen polnisch-jüdischen Familien. Nach dem Krieg machen sie sich mit unbändiger Energie an den Wiederaufbau. Sie eröffnen ihre erste Gaststätte und bekommen 1947 die erste von drei Töchtern. Daß die Eltern im Konzentrationslager waren, erfährt Laura sehr früh. Sie ist drei Jahre alt, als Läuse ihren Kopf bevölkern – ein Dienstmädchen hat sie ins Haus gebracht. In der Mutter werden schreckliche Erinnerungen wach, sie bricht förmlich zusammen, der cholerische Vater dagegen wirft dem Dienstmädchen wutschnaubend den hölzernen Schuhputzzeugkasten an den Kopf. Zum erstenmal ist vom Lager die Rede. »Das Lager muß ein schlimmer Platz gewesen sein, denn wenn davon die Rede ist, dann fängt die Mutti an zu weinen, und der Papa nimmt vorsichtig die Brille ab und drückt ein Taschentuch gegen seine Augen. Dann wird sein Gesicht rot, und ich habe Angst, daß er auch zu weinen anfängt«, erinnert sich Laura Waco in ihrem Buch, das aus ihrer Perspektive als Kind geschrieben ist.

Sie wirkt zurückhaltend auf mich, aber doch entschlossen. Ihre größte Sorge, daß ihr vor laufender Kamera die deutschen Worte fehlen. Denn es geht ja um etwas. Es ist wichtig für sie, sich klar auszudrücken und verständlich zu machen. Jahrzehntelang hat sie sich geweigert zurückzudenken, wenn nicht ihre Kinder immer wieder gefragt hätten. Derlei intensive Fragen an die eigenen Eltern zu richten, hat sie sich nie getraut. Denn die Eltern waren ja im Lager gewesen. Und darüber sprach man nicht. Weil es so furchtbar war. Was sich im einzelnen zugetragen hatte, das war unaussprechlich. Aber immer da. Als sie älter wurde, hatte der Vater ihr eines Tages das Tagebuch der Anne Frank auf den Tisch gelegt. Deren Spuren hatten sich in Bergen-Belsen verloren, dem Lager, in dem Lauras Mutter dem Tod, aber nicht der Hölle entkommen konnte. »Der Papa hat kein Wort gesagt, aber ich weiß ja, daß der arme Papa Schläge in Dachau bekommen hat, und die Mutti und der Papa tun mir so leid, daß ich ganz still bin und nicht weiß, was ich sagen soll.«

Eine Kindheit im Schatten des Holocaust. Warnungen, ja Drohungen, mit nichtjüdischen Kindern bloß keine Freundschaften zu schließen. Natürlich können die Kinder nichts für die Vergangenheit, aber wer weiß, was deren Eltern gemacht haben während der Nazi-Diktatur. »Vielleicht war der Leni ihr Vater in der SS. Sag ihr nur, sie soll den Schrank aufmachen, da hängt bestimmt noch eine Uniform drin. Gib dich lieber mit jüdischen Kindern ab als mit den gojischen, was taugt dir das? Geh in den jüdischen Club!«

Laura Waco hat ihr Buch ihren Schulkameraden gewidmet, die damals nicht wissen konnten, warum sie so verschlossen war. Die Eltern hatten das Grauen überlebt, aber ihr Leben lang konnten sie es im Kopf und in der Seele nicht mehr bändigen. Der Vater entwickelte sich zu einem krankhaften Hypochonder, die Mutter kränkelte und nörgelte. Für die drei Töchter blieben nur Strenge, Härte und Kälte und die stumme Anklage, das Furchtbare gar nicht nachempfinden zu können. Monotonie des Vorwurfs.

Während einer jüdischen Gedenkfeier zum Warschauer Ghettoaufstand erfährt Laura, was sich hinter dem Wort »Aussiedlung« verbirgt, das sie schon zu Hause gehört hatte. Auf der Leinwand sieht sie Szenen von Müttern, Vätern und Kindern, die aus ihren

Häusern und Wohnungen gezerrt werden. Hört die Stimme des brüllenden Führers. Sieht verängstigte Menschen, die mit kleinen Koffern und gelben Sternen auf Umschlagplätzen zusammengetrieben werden. Wie sie später sterben. Verhungern oder erfrieren oder erschossen werden. Als es wieder hell wird im Saal, sieht sie ihre Eltern anders als vorher. Sie sieht sie als Opfer, als Leidende, wie alle im Saal, die plötzlich nicht mehr groß und stark und erwachsen sind, sondern Geschwächte, Traurige, Verängstigte, Vertriebene. Laura ist zu diesem Zeitpunkt vielleicht zwölf Jahre alt. Der Vater bemerkt auf polnisch zu seiner Frau, ob die Tochter nicht doch zu jung für so etwas ist. Laura versteht Polnisch. Mehr wird darüber nicht gesprochen. Zu Hause hängt sich Laura die Kette mit dem Davidstern, die sie vor längerer Zeit geschenkt bekommen hat, um den Hals. Jüdischsein versteht sie von da ab als Schicksalsgemeinschaft.

Ihre Eltern träumen immer nur vom Auswandern. Dabei leben sie so deutsch, deutscher geht es gar nicht. Die Töchter werden zwar nach den ermordeten Großmüttern benannt, aber die Namen werden eingedeutscht. Nur nicht auffallen. Die jüdischen Eltern repräsentieren das deutsche Wirtschaftswunder. Man geht zügig an die Arbeit, man ist tüchtig, man fährt mit dem eigenen Auto nach Italien, man ist wieder wer. Alles sauber, die Kinder gut versorgt. Nur gesprochen wird nicht viel. Dann schon eher geschlagen. Viel später versucht Laura, es zu begreifen. Der Vater hat im Lager die Fassung verloren.

Zu Hause kann er seine cholerische Art ausleben. Schlagen geht einfacher als erklären. Das Schweigen in den Wohnzimmern der Täter fand auch in den Wohnzimmern der Opfer statt. Unmöglich, sich dem Erlebten zu stellen. Unfähig, mit den eigenen Kindern darüber zu sprechen.

Dabei hatte alles aus Kindermund eine Beziehung zum Lager. Lauras gute Zähne? Auch die Mutter hatte gute Zähne, bis sie ins Lager kam. Die Mutter sollte besser keinen Bikini tragen? Wer im Lager war, der hat keine Figur mehr, nur das nackte Leben.

Auch jede Zärtlichkeit war im Lager getötet worden. Als Laura einmal im Urlaub beobachtet, wie liebevoll ein Vater mit seiner kleinen Tochter umgeht, kann sie die Augen nicht von ihm lassen. Das hat sie nie erlebt, weder vom Vater noch von der Mutter.

Mit 16 Jahren wird sie von der Mutter höchstpersönlich zur Verbesserung ihrer Sprachkenntnisse ins englische Brighton gebracht. Sie lernt nicht nur die englische Sprache gut kennen, sondern auch einen Dennis Robbins, der erstens nicht jüdisch ist und zweitens hinkt und drittens das Ziel Amerika hinfällig machen würde. Die Eltern reisen sofort an. »Der Papa sitzt auf dem Sofa mit der Brille in der Hand und weint. Die Mutti steht im Ladies Room über eine Toilettenschüssel gebeugt und bricht, und mit jedem Stoß des Übergebens schreit sie, als würde man sie ermorden. Da zerreiße ich das Foto von Dennis und verspreche der Mutti und dem Papa, daß es aus ist.«

Laura Waco hat tatsächlich funktioniert. Kinder lieben eben ihre Eltern, es bleibt ihnen kaum etwas anderes übrig. Sie ist in den USA gelandet, warum auch nicht? Sie hat einen Anwalt geheiratet. Er hat sie halt gefragt. Kinder wollte sie eigentlich keine. Aus Angst, nicht lieben zu können. Sie hat dann doch zwei Töchter bekommen. Denen gilt der letzte Satz ihres Buches. »Die haben mir das Lieben beigebracht.« Vielleicht auch das Lachen, das ihr Gesicht so verwandelt.

Ihr Vater ist 1968 bei einem Autounfall ums Leben gekommen. Seine Beifahrerin, die jüngste Tochter Friede, starb zehn Tage später. Die Mutter hat ein zweites Mal geheiratet, einen frommen Witwer, und ist zu ihm nach Belgien gezogen. Die zweite Schwester Berta hat ihren Namen gesetzlich geändert. Sie lebt heute allein unter dem Namen Barbara in Los Angeles.

Merkwürdigerweise frage ich Laura Waco erst nach der Sendung, wann sie in ihrem Leben richtig glücklich war. Sie sieht mich ein wenig erstaunt an und überlegt. So richtig glücklich? Nein, eigentlich spielen Glücksgefühle in ihrem Leben keine Rolle. Sie sei schon stolz darauf, es geschafft zu haben, ein solches Buch zu schreiben, nachdem sie so viele Jahre als Hausfrau neben ihrem Mann hergelebt hatte, der sich für ihre Vergangenheit nie sonderlich interessiert hatte. Daß sie sich getraut habe, ihre Erinnerungen doch noch zuzulassen. Das sei befreiend gewesen, einfach schön. Und sie möchte noch eines schreiben, anknüpfend an das erste. Mit dem Schreiben habe sie erst angefangen, ihre Eltern zu begreifen und auch sich selbst. Ihr Leben sei nun einmal bestimmt von diesem einen Thema. Und es ist noch so viel zu erzählen.

DESIREE NICK

Désirée Nick wird 1960 in Berlin geboren. Mit fünf Jahren beginnt sie mit ihrer klassischen Ballettausbildung an der Berliner Tanzakademie, an der sie 1975 ihren Abschluß macht. Als Tänzerin hatte sie Engagements an der Deutschen Oper in Berlin und an der Staatsoper München. Danach Studium an der Theologisch-Pädagogischen Akademie Berlin und Religionslehrerin an einem Gymnasium. Nach ihrer Entlassung durch die katholische Kirche geht sie nach Paris und tritt dort zwei Jahre im Lido de Paris als Tänzerin auf. In London nimmt sie Schauspielunterricht am Actor's Institute und spielt nach ihrer Rückkehr am Tourneetheater Remscheid. Es folgen Theaterengagements, u. a. an der Komödie Düsseldorf und am Hansa-Theater Berlin. 1993 steht sie zum erstenmal mit einem Soloprogramm, »Eine Frau wird erst schön durch die Liebe«, auf der Bühne. Es folgen weitere Soloauftritte, u. a. mit den Programmen »Hollywud, ick komme« (1994) und »Was bleibt ist die Schande« (1996). Daneben ist sie in dem Film »Neurosia« von Rosa von Praunheim und in »Aimée und Jaguar« mit Maria Schrader und Heike Makatsch zu sehen. Ihr Buch »Bestseller einer Diva« ist 1997 bei Knaur erschienen, im selben Jahr Gastspiel-Tourneen »Die Show zum Buch«. Désirée Nick hat einen Sohn, Oskar.

»*Ein Star aus Notwehr*«

»Wenn Gott eine Frau wäre, hätte sie gemacht, daß Sperma nach was anderem schmeckt.« Diese Bemerkung gehört noch zu den harmloseren im Repertoire der Désirée Nick und gibt doch schon viel von ihrer Persönlichkeit preis. Zum einen: Sie macht Witze über Sachen, über die Frauen normalerweise keine Witze machen. Und: Die Religion nimmt bei ihr eine zentrale Rolle ein. Der eine behauptet, sie habe das Showbusineß revolutioniert, der andere findet ihre Zoten schlicht ordinär. Eins steht fest: Wer bei ihr leichtsinnigerweise in der ersten Reihe sitzt, braucht starke Nerven. Zumindest dann, wenn er von ihr als stummer Witzediener ausgespäht wird. Mein Mitleid gilt ohnehin seit ich denken kann denen, die aus Gründen der persönlichen Zerstreuung vorne in einer Vorstellung sitzen und dann aus heiterem Himmel ausgesucht werden, um auf der Bühne Männchen zu machen oder sonstwie als Witzvorlage herhalten zu müssen. Désirée Nick hat es vorzugsweise auf eher bieder wirkende Zeitgenossen abgesehen, deren gemusterte Krawatten oder kleinkarierte Sakkos einen wunderbaren Ausgangspunkt abgeben für eine spontane, bösartige Persönlichkeitsbeschreibung von oben herab. Da wird jeder im Theatersessel zwangsläufig kleiner, wenn sie zynisch über sein Berufsleben mutmaßt oder sein Liebesleben ins Lächerliche zieht.

Désirée Nick kennt keine Gnade. Zum Glück auch sich selbst gegenüber nicht. Nach der Geburt ihres Sohnes Oskar kokettiert sie mit den körperlichen Folgen und behauptet, sie hätte untenrum »mehr Stiche als jede Chanel-Handtasche«. Und ein Spagat sei auch nicht mehr drin, weil »ich mich seit der Entbindung immer festsauge«.

Auf der Bühne liebt die Extravagante glitzernde Garderobe, ihre Schminke ist so dick aufgetragen, daß man im Opernhaus noch in der letzten Reihe ihre Konturen erkennen würde, ihre Beine sind so lang, wie ihre Nase groß ist, und selbstverständlich ist sie giftblond. Auf ihrer monatelangen Tournee quer durch Deutschland nimmt sie in ihrer One-Woman-Show Gott und die Welt aufs Korn. Auf beide ist sie nicht gut zu sprechen.

Wir haben uns in München verabredet, im Restaurant Käfer. Davon hat die Stadt zwei, und wer mich kennt, ahnt, daß ich im falschen warte. Nach anderthalb Stunden treffen wir uns endlich. Ich hatte mit dem Auftritt einer Diva gerechnet, aber auch die hat

mal Mittagspause, ist dementsprechend ungeschminkt und hat ihre Haare unter einem breitkrem-
pigen Hut verborgen. Ein wenig abgehetzt wirkt sie.
Das liegt möglicherweise an dem fast geplatzten Termin, wahrscheinlich aber auch daran, daß Erfolg eine
anstrengende Sache ist. Gerade hat sie im 37. Jahr
nach ihrer Geburt ihre Autobiographie mit dem Titel
»Bestseller einer Diva« veröffentlicht, auf deren
ersten Seiten sie klarmacht, worum es geht: Deutschland braucht einen neuen Superstar, und da Marika
Rökk nur noch geworfen und wieder aufgefangen
werde, ist es an der Zeit, eine neue, alles überstrah-
lende Erscheinung am Showhimmel zu feiern, und
zwar sie.

Désirée Nick, die Schrille, die Hemmungslose, die
Vulgäre, bestellt sich einen schlichten Salat und ein
stilles Mineralwasser. Auf meine erste Frage, was sie
wohl in zwanzig Jahren machen werde, antwortet sie
wie aus der Pistole geschossen, sie wird dann wohl
ein ganz großer Fernsehstar sein. Und als Reaktion
auf mein abwartendes Schweigen fährt sie fort, das
gute, alte, solide Theater sei das Schlechteste, was ihr
überhaupt noch passieren könne. Schließlich wüßten
inzwischen ja alle, was sie kann.

Als ich Désirée Nick etwa zwei Jahre vor diesem
Gespräch in der Sendung »B.trifft« zu Gast hatte, war
ich gleichermaßen irritiert wie fasziniert von ihrer
kühlen Ausstrahlung. Egal, ob vor, während oder nach
der Sendung, ich fand einfach keinen persönlichen

Zugang zu ihr. Egal, was ich fragte, ihre Antworten kamen messerscharf und wirkten auf mich so, als würde sie über eine andere dritte Person sprechen. Sie blickte mich auch kaum an, sondern sprach wie zu einem imaginären Publikum. Eben ganz die ausgeflippte, sich selbst stilisierende Underground-Künstlerin, die mit ihren Solo-Programmen Furore machte, weil sich ihre Art, von oben herab böse Witze über die Welt zu machen, mit nichts vergleichen ließ. Dabei konnte ich kaum glauben, welche Lebensgeschichte die Nick hinter sich hatte. Diese wildgewordene Berliner Schnauze sollte mal Religionslehrerin gewesen sein? Und vor diesem Beruf ihr ganzes Leben nur dem Tanz gewidmet haben?

Es war eine Ballettstange, die ihrem jugendlichen Leben Sinn und Halt gab. Die gebürtige Berlinerin hatte nur eines im Sinn: als Ballerina durch die Opernhäuser dieser Welt zu schweben. Rückblickend gewinnt sie dem Ganzen immerhin eine Persönlichkeitsstählung ab. Das Ballett habe sie so was von zäh gemacht, daß, »wenn ich überfallen, ausgeraubt und endlich vergewaltigt worden wäre, ich dies hätte geschehen lassen, ohne meinen Platz an der Ballettstange zu verlassen«. Es war aber dann keine kriminelle, sondern natürliche Energie, die sie zwang, die Ballettstange loszulassen. Sie kam einfach zu groß raus. Mit 16 Jahren schon von der Deutschen Oper Berlin engagiert und weiter gefördert, widerfährt ihr mit knapp zwanzig ein Wachstumsschub von sechs

Zentimetern. Eine Katastrophe! Schon ohne auf der Spitze zu stehen, überragte sie alle anderen, und wenn sie zur Anprobe kam, verdrehten alle in der Kostümabteilung die Augen. Der Ballettmeister brüllt sie vor versammelter Mannschaft an, wann sie gedenke, mit dem Wachsen aufzuhören, schließlich sei die Deutsche Oper kein Panoptikum. Aus der Traum. Mit 1,78 m scheint sie definitiv zu groß für eine Ballettkarriere, auf die sie jahrelang in täglichem, mühsamem Training hingearbeitet hat. Sie, die mit Peter Breuer geübt und mit Rudolf Nurejew in der Kantine gefachsimpelt hatte, war vom Schicksal einfach so mit ihren langen Knochen stehengelassen worden. Psychisch war sie damals am Ende, ihr Können, ihre Träume, die Kunst, nichts war mehr etwas wert, und das Leben konnte überhaupt nur mit psychiatrischer Hilfe weitergehen.

»Wissen Sie«, holt Désirée Nick über ihrer Gabel mit aufgespicktem Salatblatt aus, »ich bin ein Spätentwickler, ich fange gerade erst an. Ich habe das Leben in seiner Herausforderung angenommen.« Das hat eine Weile gedauert, denn ein paar Jahrzehnte lang sah es nicht so aus, als kämen das Leben und die Nick so richtig gut miteinander klar. Bei diesem zweiten Treffen wirkt sie auf mich anders als beim ersten Mal anläßlich der Sendung. Sehr viel wärmer und ernsthafter. Sie überlegt länger und verfällt nur manchmal in den theatralischen Bühnenton. Ich ertappe mich bei dem Gedanken, ob das wohl an ihrem kleinen Sohn Oskar liegen könnte, geboren im

September 1996. Während der Schwangerschaft konnte er übrigens reichlich Bühnenerfahrung machen, denn Mama nutzte den wohlrunden, betonten Bauch zur Wirkungssteigerung so mancher Pointe. Über den Vater hatte sie sich öffentlich zunächst ausgeschwiegen, nannte nur den Grund, weshalb sie sich als alleinerziehende Mutter durchaus nicht überfordert fühlte: »Wir sind Alleinerziehende in der vierten Generation. Anscheinend vermehren wir uns nicht in Gefangenschaft.« Irgendwann erschien dann in einer Illustrierten ein großer Bericht mit Fotos und allem Drum und Dran, in dem sie einen Adligen mit nicht gerade unbekanntem Nachnamen als Vater benennt. Der fand selbigen Bericht wohl nicht so berauschend. Jedenfalls ist Désirée Nicks Begeisterung über ihren kleinen Sohn grenzenlos, seit dessen Geburt sie ausgesöhnt sei mit dem Schicksal. »All meine Liebe strömt über mein Kind!« spricht sie mit großer Geste und setzt lakonisch nach: »Der muß alles ertragen!«

An so viel faßbares Glück hätte sie früher kaum geglaubt. Nach den geplatzten Ballettträumen und den darauf folgenden schweren Depressionen fand Désirée Nick ihren Halt im Glauben. Sie ließ sich von der katholischen Kirche als Religionslehrerin ausbilden und unterrichtete in der Oberstufe eines Gymnasiums. Es war die zweite Berufung in ihrem Leben, der sie sich voll und ganz verschrieb. Man muß selber zutiefst überzeugt sein, wenn man den Glauben vermitteln will, sagt sie rückblickend und – sie hätte ihre Schülerinnen und Schüler wirklich gern gehabt. Als Religionslehrerin war sie außerordentlich geachtet und beliebt. Allerdings nicht bei der Kirche. Deren Vertretern kam bald zu Ohren, daß die junge Kollegin ihren Unterricht recht unkonventionell gestaltete, alle Fragen und Zweifel zuließ und die eine oder andere Schulstunde auch mal im Café stattfinden durfte. Als sie vorgeladen wurde, glaubte sie allen Ernstes an eine Belobigung oder gar Beförderung. Statt dessen teilte man ihr mit, sie entspräche nicht dem Image der katholischen Kirche. Von heute auf morgen war sie das, was ihre Lebensstellung sein sollte, los. Der Schock saß tief.

Sie wußte nicht recht, was sie nun machen sollte, jobbte erst einmal in einem Antiquitätengeschäft, reiste nach Paris und lernte dort eher zufällig den Chef des Lido kennen. Was sie an Bein und Busen an der Deutschen Oper zuviel hatte, war hier gerade richtig. Für zwei Jahre wurde sie Mitglied der weltberühmten Tanztruppe. Auf Dauer Hupfdohle war auch keine verlockende Perspektive, und so folgte sie einer Liebe nach London, wo sie Schauspielunterricht nahm. Diese Liebe aber war auch nicht das Wahre, und so kehrte sie nach Berlin zurück als eine, die es zu nichts gebracht hatte.

Irgendwann muß sie dem Leben wohl entgegengebrüllt haben, daß es jetzt aber reiche mit den Mißerfolgen und Demütigungen und jetzt sei – verdammt noch mal – sie dran. Sie beginnt, Theater zu spielen und zu singen. Mit ihrer leicht schrillen Stimme muß sie sich das erst mal trauen. Sie traut sich, tritt in Undergroundclubs auf und 1993 mit dem Soloprogramm »Hurengespräche« nach Heinrich Zille. Und plötzlich spricht sich ihr Name rum und ihre Hemmungslosigkeit.

Das Faszinierende an Désirée Nick ist die Mischung aus wahrer Begebenheit und wahnwitziger Übertreibung. Ihre Philosophie des Humors: »Wie kann man grausame Realität und zerbrochenes Glück nur je verarbeiten? Es muß ein Ventil gefunden werden, den Kummer zu kanalisieren: Der Schlüssel zum Überleben lag für uns auf der Hand – die Verzweiflung gebar … Humor. Tragödie ist, wenn man sich in den Finger schneidet. Komödie ist, wenn man in eine offene Nähmaschine rennt und einem danach die Falten weggesteppt sind.«

Messerscharf seziert sie auf der Bühne das, was sie selbst als Verlogenheit erlebt hat. Die Zote als Mittel der Übertreibung, und jeder amüsiert sich so lange, bis ihm das Lachen im Hals steckenbleibt. Daß dieser weibliche Showstar regelmäßig für eine Transe gehalten wird, muß an ihrer permanenten Grenzüberschreitung in Sachen Witz liegen. »Wenn Männer an inneren Werten interessiert wären, würden sie Röntgenbilder als Wichsvorlage benutzen!« – ist so ein typischer Nick. Auch ihre kleine Gedankenexkursion in Richtung Inge Meysel belegt, daß sie keine Angst vor Geschmacklosigkeiten kennt. »Inge hatte mich vor der Sendung in ein vegetarisches Lesbenrestaurant eingeladen. Auf dem Heimweg lief uns eine Horde Katzen hinterher – ein blinder Bettler fragte, ob Fischmarkt sei. Im Hotel angekommen, sagt sie vor meiner Zimmertür zu mir: ›Du bist lecker!‹ Ich habe gesagt. ›Inge! Aber doch nicht bei dir.‹ Aber Inge hatte keinen Zimmerschlüssel mit. In ihrer Handtasche waren nur Vaseline, Handschellen und die Todespille. Also mußte ich sie mit zu mir ins Zimmer nehmen.«

Sie, die auszog, das böse, weibliche Lästern auf die Bühne zu bringen, hat vom Leben eine Menge abgekriegt. Aber »aus satter, bürgerlicher Sesselpupserei kommt niemals Kunst!« ereifert sie sich und fragt mich, ob ich mir vorstellen kann, wie anstrengend es ist, das Publikum zwei Stunden auf eine solche Art zu unterhalten. Und wenn sie über ihre Kunst redet, dann wird sie ganz ernsthaft und muß plötzlich selber über ihren Hang zum Größenwahn lachen. »Ich bin die einzige deutsche Entertainerin, die so etwas kann! Den Menschen Tiefgründiges in einem Meer von Zoten zu präsentieren.« Etwas ganz Eigenes habe sie geschaffen, nach dem typischen Otto-Humor, nach der Art von Helge Schneider und der von Loriot habe sie eine ganz neue Kunstform geschaffen, nach der die Welt lechzt! »Humor ist wie eine Wissenschaft. Ich will die alle lachen machen, verdammt noch mal. Und ich will wissen, wie weit ich gehen kann!«

So eine wird bewundert oder abgelehnt, aber nicht wirklich geliebt. Dazu tritt sie zu scharf auf, zu gefährlich, zu böse. »Kling' ich vielleicht bitter?« schnurrt sie dem Publikum entgegen. »Ich bin bitter. Und besitze noch die Dreistigkeit, dafür Eintritt zu verlangen!« Das Leben hat sie ja quasi auf die Bühne getrieben, denn wer sonst hat so Böses zu erzählen und ist in der Lage, das Publikum permanent zu irritieren, ob sie etwas ernst meint oder nicht. Denn was die Nick eigentlich will, offenbart sie in ihren Memoiren: »In Wahrheit wollte ich vom Leben nicht mehr, als bis ans Ende meiner Tage an einen Herd gefesselt zu sein. In Strapsen. Und hohen Hacken. Bratkartoffeln machen für einen hübschen Bauarbeiter.« Sie ist eben, wie sie immer beteuert, ein Star aus Notwehr.

MONIKA HAUSER

Monika Hauser wird 1959 in Thal in der Schweiz geboren. Nach Beendigung des Gymnasiums in St. Gallen nimmt sie das Medizinstudium an der Universität Innsbruck auf. Im Sommer 1982 absolviert sie ihre Famulatur am Regionalkrankenhaus Trincomalee in Sri Lanka. Im Anschluß an ihre Promotion arbeitet sie 1985 für ein halbes Jahr als Assistenzärztin für Gynäkologie und Allgemeinchirurgie in Südtirol. Ihr Staatsexamen legt sie Ende 1985 in Bologna ab und erhält fünf Monate später die deutsche Approbation. Von 1988 bis 1992 absolviert sie ihre Assistenzzeit an der Frauenklinik der Universitätsklinik in Essen. Sie bricht ihre Tätigkeit am Krankenhaus Ende 1992 ab, um Planung, Leitung und Aufbau des Frauentherapiezentrums medica in Zenica, Zentralbosnien, zu übernehmen. Für ihren humanitären und medizinischen Einsatz erhält sie diverse Auszeichnungen und Preise. U. a. wird sie »Frau des Jahres« der ARD-Tagesthemen (1993) und erhält den Gustav-Heinemann-Preis (1994). Die Verleihung des Bundesverdienstkreuzes lehnt sie 1996 wegen des Rückführungsbeschlusses der Innenminister ab. Im Rahmen ihrer Vorstandstätigkeit für medica mondiale e.V. betätigt sie sich inzwischen vorrangig im Bereich Öffentlichkeitsarbeit. Monika Hauser lebt in Köln und hat einen Sohn.

»Ich hatte einfach keine Zeit, Angst zu haben«

»Ich war getrieben von dem Gedanken: Ich muß erzählen, was ich gesehen habe. Und ich muß etwas dafür tun, daß dieser Krieg endlich aufhört.« Monika Hauser blickt mich intensiv an, ihre Art zu sprechen ist von freundlicher Bestimmtheit. Es ist sommerlich warm, und wir sitzen auf der Terrasse ihrer Wohnung in einer Kölner Wohngegend, die als gehoben gilt. Um uns herum verstreut liegen Gartenutensilien, halbleere Mineralwasserkästen und Spielsachen. Seit ich Monika Hauser im Frühjahr 1994 kennengelernt habe, hat sie sich äußerlich kaum verändert. Einzelne Strähnen ihrer kurzen, schwarzen Haare sind immer noch frech ins Gesicht gekämmt, und auch ihr Lachen kenne ich wieder. Es unterbricht oft ihre konzentrierten Erzählungen, wenn sie beispielsweise auf Widrigkeiten zu sprechen kommt, die ihr nachträglich, jetzt, da sie längst wieder in Deutschland lebt, geradezu absurd vorkommen.

Sie ist leger angezogen an diesem Nachmittag,

trägt ein T-Shirt und Bermudas und sitzt mir barfuß gegenüber. Eine Frau, die in den Krieg gezogen ist. Unbewaffnet. Allein mit einem Ziel vor Augen: zu helfen. Konkret: Frauen zu helfen. Sie wußte bloß noch nicht, wie. Anlaß waren die Berichte über die systematischen Vergewaltigungen in Bosnien, ihr Entsetzen über die Gleichgültigkeit der Welt. Zunächst hatte sie einige Hilfsorganisationen angerufen, war aber mehr oder weniger vertröstet worden. Eine Frau mit solchen Vorstellungen war ihnen wohl nicht ganz geheuer. Am 15. Dezember 1992 begleitete sie dann Martin Fischer von der Kampagne »Den Winter überleben« nach Zagreb und erkundete so zum erstenmal auf eigene Faust die Lage im ehemaligen Jugoslawien. Ihre Stelle als Ärztin in einem Essener Krankenhaus hatte sie vorher gekündigt. Beim Besuch eines Zagreber Flüchtlingslagers, eingerichtet im Untergeschoß einer ehemaligen Moschee, sprach sie mit muslimischen Frauen, die vor dem Terror der bosnisch-serbischen Soldateska hierher geflohen waren. Nach diesen Eindrücken stand ihr klar vor Augen, was sie wollte: Einen Schutzraum schaffen für weibliche Flüchtlinge. Ein Zentrum für vergewaltigte und traumatisierte Frauen und deren Kinder, in dem sie sowohl medizinische wie psychologische Hilfe würden finden können. Bei der Ortswahl entschied sie sich für Zeneca, die drittgrößte Stadt Bosniens, in der zu Friedenszeiten 40 Prozent des jugoslawischen Stahls erzeugt worden war. Die Partnerstadt von Gelsenkirchen lag zu der

Zeit noch frei in Zentral-Bosnien und hatte bereits 50 000 Flüchtlinge aufgenommen. Mit Hilfe einer bosnischen Dolmetscherin gelang es ihr, die Behörden von ihrer Idee zu überzeugen. Für 2 000 DM kann sie einen leerstehenden Kindergarten anmieten. Auf die »Offiziellen« muß diese junge, resolute Frau aus Deutschland, sie war gerade mal 33 Jahre alt, wohl mächtig Eindruck gemacht haben. Sie sei einfach so entschieden aufgetreten, daß niemand am Gelingen ihrer Mission gezweifelt habe. Dabei räumt sie ein – und muß selber über ihre Chuzpe lachen –, daß sie zu dieser Zeit noch nicht den leisesten Schimmer gehabt habe, ob sie das ganze Vorhaben überhaupt würde finanzieren können. Hochstapelei sei also schon anfangs im Spiel gewesen, aber immerhin waren Freundinnen und Freunde in Deutschland dabei, Spenden zu sammeln und den Verein medica zu gründen. Zum Glück sprach sich diese Initiative einer einzelnen Frau wie ein Lauffeuer herum, und so kamen die ersten Spendengelder zusammen.

Monika Hauser hat schnell begriffen, daß humanitäre Hilfe ein internationales Geschäft ist und ganz wesentlich mit Macht zu tun hat. Eins war klar: Sie würde nur Kompromisse eingehen, hinter denen sie mit ihren persönlichen Überzeugungen stehen konnte. Und sie lacht wieder bei der Erinnerung an das verdutzte Gesicht eines hohen Vertreters der Caritas, dem sie höflich, aber entschieden erklärte, die angebotene Million könne sie leider nicht annehmen, schließlich würden in dem medizinischen Zentrum auch Schwangerschaftsabbrüche durchgeführt, und dafür könne sie wohl kaum Caritas-Gelder verwenden.

Nachdem in Deutschland über medica nicht nur Geld gesammelt, sondern auch Transporte mit gebrauchtem medizinischem Material und Medikamenten organisiert worden waren, war es im April 1993 soweit. Das Zentrum, ausgestattet mit einem OP, einem Untersuchungsraum sowie Wohnräumen für zwanzig Frauen, konnte eröffnet werden. Zum Team gehörten zwei Ärztinnen, drei Psychologinnen, vier Krankenschwestern, eine Kindergärtnerin, eine Sekretärin, eine Hausleiterin. Noch ist Zeneca frei, aber Monika Hauser war längst klar, daß der Krieg keine Grenzen kennen würde. Der Ring um die Stadt wurde langsam enger, bald verlief die kroatische Frontlinie 10 km vor der Stadtgrenze, die Serben waren noch 30 km entfernt: »Ich habe nie Angst gehabt. Ich hatte einfach keine Zeit, Angst zu haben. Ich war so voll beschäftigt, sowohl mit den Frauen wie mit den Kindern.« Und so gewöhnte sie sich an vieles, was in der friedlichen Atmosphäre des Kölner Gartens so unvorstellbar erscheint, zum Beispiel an die Granateneinschläge, deren Entfernung sie mit der Zeit genau einzuschätzen lernte. Bei der Erinnerung an ein Telefonat mit ihrem Kölner Freund, das sie erst beendete, als sie kein Wort mehr verstand, lacht sie über die lebensgefährliche Absurdität, den Hörer des Satelliten-Telefons in die Luft zu halten mit dem

Kommentar: »Du hörst es ja, ich muß jetzt schnell in den Keller.«

Vor allem die Reisen waren ausgesprochen gefährlich. Schon im Januar 1993, also noch vor der Eröffnung des Zentrums, muß ihr klargewesen sein, daß bei dem Einsatz ihr Leben auf dem Spiel stand. Damals war sie im Bus eines privaten Unternehmers 18 Stunden unterwegs. 18 Stunden für die 100 km lange Strecke zwischen Split und Zeneca. 22 Kontrollpunkte mußten passiert werden, in bitterer Kälte wurden sie immer wieder festgehalten. Die Milizionäre waren zum Teil sturzbetrunken. Einer trug eine rote Karnevalsperücke und hatte bunte Luftballons an seinem Gewehrlauf befestigt. Die Krieger spielten verrückt. Plötzlich mußten alle aussteigen, Kroaten und Ausländer auf die eine Seite, Moslems auf die andere. Als Monika Hauser zu protestieren versuchte, wurde sie vom Kommandanten niedergebrüllt. Selbst er könne in dieser Situation für nichts mehr garantieren, die Soldaten seien zu aggressiv und betrunken. Irgendwann fuhr der Bus weiter, ohne die muslimischen Passagiere. Radio Zeneca meldete am Tag danach, einige Frauen aus der Gruppe seien vergewaltigt worden.

»Ich habe mir freiwillig ausgesucht, in den Krieg zu gehen und dort gegen meine Ohnmachtsgefühle und für andere etwas zu machen.« Ohnmacht und Wut – zwei zentrale Begriffe im Leben der Monika Hauser.

Sie scheinen in merkwürdigem Widerspruch zu ihrem nüchternen Tun zu stehen. »Ich denke, daß ich meine Kreativität aus der Wut ziehe. Wenn ich Dinge erlebe, die gegen Gerechtigkeit sind, hänge ich an der Decke.« Wie damals, als sie mit konkreten und gesicherten Informationen über mißhandelte, eingesperrte Frauen, nur wenige Kilometer hinter dem Stadtring, zum Internationalen Roten Kreuz ging und dort von den Machthabern der Wohltätigkeit geradezu süffisant abgewiesen wurde – nach dem Motto, was so eine von ihnen überhaupt wolle. »Ich habe es nicht fassen können, daß es denen gar nicht wichtig war, Menschenrechte von Frauen zu schützen und mit mir dahin zu fahren!« Und plötzlich ist alle freundliche Verbindlichkeit aus ihrem Gesicht gewichen, und ihre Wut ist spürbar. Gegen die eigene Ohnmacht hat sie hinter dem Zentrum Schießen geübt, der Ernstfall ist nicht eingetreten.

Wie konnte das Unvorstellbare überhaupt geschehen? Diese Frage hat sie schon als Heranwachsende nicht losgelassen. Damals, als sie von ihrer Familie mehr wissen wollte über die Geschehnisse und Zusammenhänge des sogenannten Dritten Reiches. Aber darüber wurde einfach nicht gesprochen in der familiären Enge ihrer Südtiroler Heimat. Sie hat dann doch erfahren, daß der Großvater, an dem sie so hing und der zu ihr immer so lieb gewesen war, während der Nazi-Zeit für die Deutschen gestimmt hatte und ein Anhänger dieses tödlichen Faschismus gewesen war. Und irgendwie hatte dann sie, wenngleich Inhaberin eines italienischen Passes, Schuldgefühle.

Mehr erfuhr sie, als sie mit 17 in den großen Ferien in einen israelischen Kibbuz ging und dort drei alten Frauen begegnete, die ein Konzentrationslager überlebt hatten. Während die anderen Jugendlichen sich nach der Arbeit am Pool trafen, zog es sie immer wieder zu den dreien, die von der Zeit damals erzählten. Und Monika Hauser hatte immer mehr das Gefühl, damit unmittelbar etwas zu tun haben. Während dieses Aufenthalts fiel auch die Entscheidung, Medizinerin werden zu wollen. Nach einem Arbeitsunfall auf der Birnenplantage, bei dem ein Mann um ein Haar verblutet wäre, wurde ihr schlagartig klar, was sie wollte: etwas mit den eigenen Händen tun, um zu helfen. Selber daran arbeiten, daß die Welt ein wenig gerechter wird.

Nach dem Studium, das sie in Innsbruck beginnt, will sie in einem Land der Dritten Welt arbeiten. Aber während eines Praktikums in Sri Lanka wird sie desillusioniert. Sie findet es weder angenehm, als weiße Oberschichtfrau hofiert zu werden, noch hat sie Lust, vor dem Lions Club irgendeinen Vortrag zu halten. Nach dieser Erfahrung bleiben mächtige Zweifel, ob Entwicklungshilfe in der tradierten Form überhaupt sinnvoll ist.

Als Assistenzärztin macht sie sich auf der gynäkologischen Station eines Südtiroler Krankenhauses wegen ihrer Parteinahme für die Patientinnen bei Medizinern und Ehemännern durchaus unbeliebt, indem sie darauf dringt, die Krankheiten der Frauen als mögliche Reaktionen auf das Leben der Frauen zu begreifen. In der Frauenabteilung der Universität Essen, in der sie seit 1988 arbeitet, engagiert sich Monika Hauser, längst eine überzeugte Feministin, für die Thematisierung sexueller Gewalt.

Bosnien war, so sagt sie, für sie eine historische Mission, die sie hat leisten müssen – ohne Rücksicht auf persönliche Verluste. »Es ist wirklich so, daß ich es machen mußte, ich bin keine Altruistin, ich brauche auch Anerkennung als Ansporn.« Im Dezember 1993 erfuhr sie, daß die ARD-Tagesthemen sie zur »Frau des Jahres« gekürt haben. Am Morgen dieses Tages hatte sie eine Fehlgeburt.

In Bosnien hat sie sich weit über ihre körperlichen und psychischen Kräfte beansprucht. Es zählte nur eins – sie mußte funktionieren, um diese Mission zu erfüllen. Sie wurde zu einer gespaltenen Persönlichkeit. Nur der Teil, der dort zu gebrauchen war, der kämpfte, der organisierte, lebte. Für den anderen, der zweifelte, der Gefühle und Sehnsucht hatte und hin und wieder bestimmt auch Angst, gab es keine Daseinsberechtigung. Für persönliche Gefühle gab es weder Zeit noch Raum. Nur manchmal hielt sie es kaum noch aus. Zum Beispiel als eine Patientin, die mit dem Leben und sonst nichts davongekommen war, mit völlig unbewegtem Gesicht das Grauenhafteste des Erlebbaren schilderte. Dann mußte die resolute Ärztin aufspringen und das Fenster öffnen, weil sie meinte, keine Luft mehr zu bekommen. Der totale Zusammenbruch kam viel später, als das Zentrum in Zeneca aufgebaut war und sie gegen Ende des Jahres 1994 nach Deutschland zurückkonnte, da war es dann irgendwann einfach aus. Drei Monate war sie krank, schirmte sich ab von der Welt und ließ sich psychotherapeutisch betreuen, um mit dem Erlebten fertigzuwerden.

Trotz alledem – auch heute noch stellt sich immer wieder Sehnsucht ein. Sehnsucht nach den Frauen von Zeneca. Es sei etwas ganz Spezielles, was sie dort gefunden habe und bis dahin nicht kannte. »Das gemeinsame Gefühl: Wir schaffen etwas zusammen gegen den Wahnsinn.«

Seit der Gründung im April 1993 wurden im Zentrum medica von Zeneca mehr als 28 000 Frauen ambulant betreut, 500 fanden mit ihren Kindern vorübergehend Zuflucht. Als ich Monika Hauser im Juni 1997 anläßlich der Preisverleihung der »TOP '97« in Bonn wiedertreffe, hat sie frisch gedruckte Flugblätter in der Tasche, mit denen medica gegen die von den deutschen Innenministern beschlossenen Zwangsrückführungen von Flüchtlingen nach Bosnien protestiert. Zum Schluß des Interviews über ihr Engagement in Bosnien stelle ich ihr die sehr persönliche Frage, ob die Liebe zwischen ihr und ihrem Freund all das ausgehalten habe. Sie strahlt mich an und sagt: »Am 26. August 1996 wurde unser Sohn Luca geboren.«

ANDREA NAHLES

Andrea Nahles wird im Juni 1970 in Weiler in der Eifel geboren. Mit 16 Jahren erste Artikel als freie Mitarbeiterin für die Lokalredaktion der Rhein-Zeitung. 1989 gründet sie mit Freunden in ihrem Heimatdorf einen Ortsverband der SPD, dessen Ortsvorsitzende sie seitdem ist. Nach ihrem Schulabschluß beginnt sie in Bonn Germanistik und Politische Wissenschaften zu studieren. Beginn ihrer Arbeit bei den Jusos, von 1990 bis 1993 Unterbezirksvorsitzende. 1992 wird sie zunächst zur Stellvertretenden, ein Jahr später zur Landesvorsitzenden der Jusos in Rheinland-Pfalz gewählt. 1994 Gemeinderatsmitglied, ein Jahr darauf Eintritt in den SPD-Landesvorstand Rheinland-Pfalz. Ständiges Mitglied der ARD-Polit-Sendung »Pro und Contra«. Zur Bundesvorsitzenden der Jusos wird sie 1996 gewählt und im Jahr darauf erneut in ihrem Amt bestätigt.

»*Ministerin würd' ich schon werden wollen*«

Die Rasenfläche hinter dem modernen Mehrfamilienhaus ist durchaus überschaubar. Die strenge Hausordnung sieht vor, daß jedem Mieter ein Fleckchen zugeordnet ist. Andrea Nahles stehen anderthalb Quadratmeter zu. Eine kleine gefliese Terrasse, auf der genau ein Gartentisch und zwei Stühle Platz haben. Der Rest des Gartens darf nicht betreten werden. Wir sind in Deutschland, genau genommen in Bonn-Dottendorf, einem beschaulichen Viertel mit fast schon dörflichem Charakter unweit des Regierungsviertels. Andrea Nahles, seit kurzem hier Mieterin, schüttet sich förmlich aus vor Lachen über ein Gartenreglement mit imaginiertem Zäunchen.

Im Leben muß man halt auch mit Kleinkariertem zurechtkommen, und der Bereich, dem ihr ganzes Engagement gilt, ist auch nicht immer frei davon: die Politik. Jeder, der sich hier tummelt, braucht ein sicheres Gespür für Tabuzonen. Tabu beispielsweise ist es zuzugeben, welches persönliche politische Ziel beziehungsweise Amt man anstrebt. Zu leicht kommt man in Verruf, karrieristisch zu planen, und das gehört sich einfach nicht für einen aufrechten Sozialdemokraten, erst recht nicht für eine aufrechte Sozialdemokratin. Trotzdem sagt sie an diesem sonnigen Spätnachmittag an dem kleinen Gartentisch: »Ministerin würd' ich schon werden wollen.«

Das Zimmer hinter der kleinen Terrasse wirkt bereits auf den ersten Blick wie der Lebensraum einer Jung-Politikerin. Ausgestattet mit Telefon, Faxgerät, Radio, Fernseher, vor Aktenordnern überbordenden Regalen verströmt es den Charme eines kompakten Parteibüros. In der Diele widersteht ein komplett überladenes Wäschereckchen sichtlich mühsam dem Drang umzukippen. Andrea Nahles teilt sich die Zwei-Zimmer-Wohnung mit einem Kommilitonen. Kurz vor meinem Eintreffen ist sie aus der Uni gekommen und hat schnell ein Baguette-Brot, Tomaten mit Mozzarella und eine Flasche Apfelsaft auf ein Tablett gepackt und nach draußen getragen. Zum Mittagessen ist sie nicht gekommen. Sie könnte ein einigermaßen beschauliches Studentenleben führen, wenn sie sich nicht schon frühzeitig für die Politik entschieden hätte.

Dabei kommt sie aus einer absolut unpolitischen Familie. Ihr Interesse wurde erst durch eine Bürgerinitiative gegen Müllverbrennung geweckt. Sie war gerade 18, als sie danach in die SPD eintrat. Das war insofern schwierig, als ihr Eifel-Heimatdorf Weiler, gerade mal 500 Seelen stark, so fest in CDU-Hand war, daß es nicht einmal einen SPD-Ortsverein gab. Den hat sie dann mit sieben Freundinnen und Freunden in der Dorfkneipe kurzerhand gegründet, und das war der Beginn einer erfolgversprechenden politischen Karriere.

1992 wurde sie zunächst zur Stellvertretenden, ein Jahr später dann zur Landesvorsitzenden der Jusos in Rheinland-Pfalz gewählt. Im September 1995 bewarb sie sich erfolgreich um den Bundesvorsitz der Jusos und erschreckte die meisten machtbewußten »Enkel«, die selbst längst Großväter sein könnten, mit ihren linkslastigen Überzeugungen. Sie attackierte die Zustimmung zur Militarisierung deutscher Außenpolitik, forderte von Betrieben, die keine Lehrlinge beschäftigten, eine Ausbildungsabgabe und von ihrer Partei eine klare sozialökonomische Zukunftsvision. Vor allem kritisierte sie die in ihren Augen rechtspopulistische Verschiebung der SPD unter Scharping, der auf dem Parteitag in Mannheim vom 14. bis 17. November 1995, als er von Oskar Lafontaine gestürzt wurde, keine einzige Juso-Stimme bekam. Der neue Parteivorsitzende pries sie, »das Mädchen«, wie er formulierte, dann auch als »Gottesgeschenk« für die SPD. Gerhard Schröder dagegen übersieht sie am liebsten.

Im Mai 1997 wurde sie wiedergewählt. Ziemlich knapp mit 188 Stimmen. Für ihren Gegenkandidaten Stephan Grüger votierten 142 Jusos. Die Kritiker in den eigenen Reihen warfen ihr in auffallend scharfer

Form vor, sich in den Medien zu sehr in den Mittelpunkt zu stellen.

Junge, attraktive Politikerinnen sind bei den Medien sehr gefragt, gelegentlich mehr als in der eigenen Partei. Dabei war eine Frau als Juso-Vorsitzende so neu nicht. Vor ihr standen schon Heidi Wieczorek-Zeul und Susi Möbbeck an der Spitze dieser politischen Nachwuchsorganisation. Die Anzahl der Interview-Wünsche hatte seit ihrer ersten Wahl nicht nachgelassen, zudem hatte sie als ständiges Mitglied der ARD-Polit-Sendung »Pro und Contra« ein öffentliches Forum, um das sie Schröder, Lafontaine und Scharping beneiden konnten. Die Eifersucht zahlreicher Genossen sollte sie kennenlernen. Wer in die Politik geht, muß lernen, sich unbeliebt zu machen, insbesondere bei den eigenen Parteifreunden.

Leicht sei es bestimmt nicht, sich in der Partei durchzusetzen. Die Aufstiegschancen seien begrenzt, und an das Wegbeißen habe sie sich gewöhnen müssen. Mit offenen Armen sei sie kaum empfangen worden. Die Älteren fürchten um ihre Pfründe, und von gestandenen Parteifrauen bekäme sie auch nicht gerade vorbehaltlose Solidarität zu spüren. »Alles, was ich geworden bin, hab' ich mir wirklich erkämpft!«

Abgesehen vom Kampf gegen die Müllverbrennungsanlage waren es die Nebenwirkungen einer eher betrüblichen Lebenssituation, die aus der Tochter eines Maurers und einer Angestellten beim Finanzamt eine engagierte Jung-Politikerin machten.

Ihre Jugend war überschattet von einem schweren Hüftleiden, das sie in ihrer Bewegungsfähigkeit stark eingeschränkt und eine chronische, schmerzhafte Schleimbeutelentzündung hervorgerufen hatte. Dreimal mußte sie operiert werden. Insgesamt über acht Monate war sie ans Krankenbett gefesselt, einmal sogar bewegungsunfähig ans Gipsbett. Ihre Krankenhausaufenthalte hatten schon in der Zeit der Pubertät begonnen. In ihrer Heimat spricht man davon, daß die Mädchen in dieser Zeit »fupig« werden, also kaum noch anderes im Sinn haben, als sich auf die Dorfjungen zu stürzen. Im Krankenhaus gab es nichts zu stürzen, und auch anschließend waren wegen der Krücken keine Jungen angesagt. Dafür hatte sie in dieser neuen Lebenswelt auf Zeit im Sechs-Bett-Zimmer gemerkt, daß einiges nicht stimmen konnte an dem Bild, welches sie sich bisher unkritisch von der Welt und dem Leben gemacht hatte. Daß die Putzfrau täglich mit neuen blauen Flecken zum Dienst kam, weil sie zu Hause verprügelt worden war, gab diese auf Nachfragen zu. Aber warum wehrte sie sich nicht? Daß ihre Zimmernachbarin in dem Sechs-Bett-Zimmer in der ganzen Zeit nicht einmal von ihrem Mann besucht wurde, fiel allen auf. Was war da schiefgelaufen mit dem Sakrament der Ehe? Andrea Nahles ist ein Energiebündel – und ein gutgelauntes dazu. Sie erzählt mit Händen und Füßen, und auch ihre dunkle Lockenmähne ist ständig in Bewegung. Während sie über ihre journalistischen Anfänge als freie Mitarbeiterin bei der

Koblenzer Rhein-Zeitung redet, ißt sie weiter von ihren Tomaten mit Mozzarella. Mir schießt durch den Kopf, daß sie in einem Zeitungsartikel als »gesichts-alt« beschrieben und dieser äußerliche Eindruck als Preis ihres politischen Engagements gewertet wurde. Auch wenn das Wort Streß eine zunehmende Bedeutung in ihrem Leben bekommen hat, wirkt sie auf mich ausgesprochen jugendlich. Ihre leicht angekauten Nägel lassen zwar auf erhöhte Anspannung schließen, aber im persönlichen Gespräch wirkt sie ausgesprochen entspannt und offen. Die Eifeler Dialekteinfärbung ist noch nicht ganz abgeschliffen, so wird jedes »was« zu einem »wat« und kommt jedes »nicht« als nachdrückliches »net« daher. Sie erzählt in schillernden Farben von ihrer Schulzeit, daß sie sich zeitweise ohne Krücken kaum bewegen konnte. Trotzdem fing sie mit 16 Jahren nebenbei die journalistische Arbeit bei der Rhein-Zeitung an. Sie ließ sich von ihren Eltern zur Redaktion der Zeitung fahren, wo sie als freie Mitarbeiterin über Lokales schrieb und über immer mehr Widersprüche stolperte. Widersprüche über das, was ihr die meist konservativen Lokalpolitiker erklärten und sie in der Realität wahrnahm. In dieser Zeit habe sie auch in der Schule über alles und jeden diskutieren wollen. Mit ihren rhetorischen Fähigkeiten konnte sie sich Respekt verschaffen, ein guter Ausgleich für ihr mangelndes weibliches Selbstbewußtsein. »Ich war net gerade die ›In-Frau‹ zu der Zeit«, lacht sie rückblickend und beschreibt sich als komplett asexuell.

Übergewichtig und mit Krücken habe sie nicht gerade als Projektionsfläche für Männerphantasien getaugt. Dabei fällt genau in diese Zeit ihre erste große Liebe, die ein ebenso alltägliches wie traumatisches Ende fand. Insgesamt drei Jahre schmachtete sie einen Schulfreund an. Auch daß er sie nur einmal im Krankenhaus besuchte, konnte ihre Begeisterung nicht schmälern. Kurz vor der Entlassung schickte sie ihm endlich den alles offenbarenden Liebesbrief. Als sie Tage später zur Schule kam, sah sie ihn Hand in Hand mit einer anderen. Eine Katastrophe, die heute noch weh tue! Innig habe sie ihn geliebt, wirklich innig. Jahre später hat sie ihn zufällig auf einer Fete getroffen und geschlagene sieben Stunden mit ihm endlich über das geredet, was passiert ist beziehungsweise eben nicht. Eine Unterredung bei lauter Musik und vor aller Augen über verpaßte Gelegenheiten.

Auffallend in ihrem sympathischen und offenen Gesicht ist die Narbe, die sich von der linken Augenbraue bis hoch zum Haaransatz über ihre Stirn zieht, und die bedenklich rot werden kann, wenn sie sich so richtig aufregt. Bleibendes Mal eines schweren Unfalls, der sie ihr Leben hätte kosten können. Kaum hatte sie den letzten langwierigen Krankenhausaufenthalt wegen ihrer Hüfte hinter sich gebracht, fuhr sie während eines Schwedenurlaubs mit ihrem Wagen vor einen Baum. Schwer verletzt kam sie ins Krankenhaus, das Autofahren hat sie seitdem drangegeben.

Natürlich schluckte die Politik enorm viele Energien. Manchmal blieben ihr nur Fluchtphantasien, um sich ein wenig gedanklichen Freiraum zu sichern. Schon als rheinland-pfälzische Landesvorsitzende sei sie kurz vorm Kollaps gewesen und habe sich gefragt, wie sie all ihre Aktivitäten schaffen sollte. Aber eines habe sie in der Zeit gelernt: ihre gefühlsmäßigen Durchhänger einfach zuzulassen. Sich überhaupt Freiräume zu sichern, die außerhalb der Politik liegen. Dazu gehört der eine Abend der Woche, der unbedingt und ausschließlich für ihren Freund reserviert ist. Er ist knapp zehn Jahre älter, Ex-Juso und für die bekennende Trauscheinverweigerin der Mann für die gemeinsame Zukunft. Auch die Begeisterung für Literatur läßt die Germanistin auf andere Gedanken kommen. Und wenn sie über ihre derzeitige Lektüre ausholt, Christoph Meckel und Marlene Streeruwitz, ist sie förmlich entfesselt. Spricht von ihrem Lieblingsautor als dem »Mecki« und davon, daß sie die Streeruwitz mit ihrem Buch »Verführungen« großartig findet, bis auf die Passagen, in denen die Schriftstellerin nicht mehr nur beschreibt, sondern meint, politisch konkret werden zu müssen. »Da hätt' ich sie in den Arsch treten können!« ereifert sie sich jenseits aller Sprach-Diplomatie.

Viele Formel-1-Fahrer wirken außerhalb ihrer Rennmaschinen wie guterzogene, schier aggressionsfreie Schuljungen. Man vermag sich kaum vorzustellen, in welcher Hitze sie bei höchster körperlicher und konzentrierter Anstrengung nur ein Ziel verfolgen: ihren Gegner auszuschalten. Wer Andrea Nahles während einer ihrer politischen Veranstaltungen beobachtet, wenn sie flammende Reden hält und ihre linke Faust siegessicher hochreißt, kann sich ein Bild von ihrer Anspannung und ihrem unbedingten Willen, sich durchzusetzen, machen. In der Abiturzeitung ihres Jahrganges hat sie auf die Frage, was sie einmal werden möchte, geantwortet: »Hausfrau oder Bundeskanzler.« Ein Witz, natürlich, aber als Gerhard Schröder vor Jahren übermütig am Zaun des Bundeskanzleramtes rüttelte, war das ja auch nur ein Witz.

Einmal war sie kurz davor, alles hinzuschmeißen und der Partei den Rücken zu kehren. Als die SPD in der Asylfrage nachgab und die Petersburger Beschlüsse verabschiedete, war das für Andrea Nahles die Stunde der politischen Grundüberzeugung. Für eine Katastrophe hielt und hält sie das Verhalten ihrer Partei in diesem Punkt. Sie hat erbitterten Widerstand geleistet, nicht nur durch Agitation bei den Jusos, sondern auch durch öffentliche Protestkundgebungen. Sogar von der Polizei festgenommen wurde sie, weil sie innerhalb der Bonner Bannmeile demonstrierte. Aber ausgetreten ist sie dann doch nicht, in der Politik lauert der Kompromiß immer und überall.

Auf meine Frage, ob sie eigentlich lieber ein Mann oder eine Frau wäre, kommt ihre Antwort wie aus der Pistole geschossen: eine Frau! Frauen, so meint sie, hätten feinere Sensoren für Geschehnisse und Gefühle, entwickelten in allen Ausprägungen der menschlichen Kommunikation eine besondere, ja eine besonders schöne Form der Intelligenz. Sie seien einfach vielfältiger. Na gut, räumt sie ein, in der Politik sei es halt viel schwieriger für eine Frau, Fuß zu fassen und sich eine gewisse Autorität zu erarbeiten. Und sie erinnert sich mit leichtem Grauen an eine Begebenheit aus der Zeit ihrer politischen Anfänge. In der Pause einer Veranstaltung an einem heißen Sommertag, sie trug zu Jeans einen enganliegenden Body, hatte sie sich ein Eishörnchen geholt. Und ausgerechnet der mächtige SPD-Oberbürgermeister, den sie nach eigenen Worten gerade in einer Atomkraftdiskussion rhetorisch vernichtet hatte, riß vor aller Augen und Ohren einen Herrenwitz alter Schule über die junge Frau. »Wenn da mal die Bällchen an anderer Stelle nicht größer sind!« Saublöd natürlich, aber alle umstehenden Männer starrten sie an und grinsten übers ganze Gesicht. Keiner hat etwas gesagt. Auch Andrea Nahles nicht, es hatte ihr ganz einfach die Sprache verschlagen vor Wut und vor Scham, sich so behandeln lassen zu müssen. Seitdem überlegt sie genau, was sie zu welcher Polit-Gelegenheit anzieht. Ein Rock komme schon mal gar nicht in Frage. Insofern sei das eine lehrreiche Erfahrung gewesen. Aber wahrscheinlich würde sich so etwas heute eh keiner mehr trauen, denn als Juso-Vorsitzende ist sie schon wer. Und außerdem gehe sie inzwischen gerne in die Offensive. Im Juso-Verband habe sie das Thema Cellulitis erfolgreich enttabuisiert. Seitdem über neue Produkte im Kampf gegen diese angebliche Schenkel-Katastrophe offen gesprochen würde, hätten Witze hinter vorgehaltener Hand ihren Reiz verloren.

Trotz ihrer Doppelbelastung als Juso-Bundesvorsitzende und Germanistik-Studentin hat Andrea Nahles ihr Studium erfolgreich abschließen können. Und das Thema ihrer Diplomarbeit »Die Funktion von Katastrophen im modernen Trivialroman« habe nichts, aber auch gar nichts mit ihren politischen Erfahrungen zu tun.

HILDEGARD HAMM-BRÜCHER

Hildegard Hamm-Brücher wird 1921 in Essen geboren. Ihre Schulzeit verbringt sie in Berlin, Dresden, Schloß Salem und Konstanz. In nur zehn Semestern absolviert sie ihr Studium der Chemie in München, einschließlich ihrer Promotion. Von 1945 bis 1948 schreibt sie als wissenschaftliche Redakteurin für die »Neue Zeitung« in München. Als FDP-Mitglied wird sie 1948 zur jüngsten Stadträtin des Münchener Stadtparlaments gewählt. Den Posten behält sie für die nächsten acht Jahre. 1949 geht sie für ein Jahr nach Amerika, um an der Harvard University zu studieren. Von dort zurück, wird sie Abgeordnete im Bayerischen Landtag, wo sie sich in den Jahren 1950 bis 1966 vor allem als Bildungspolitikerin engagiert. 1963 wird sie Mitglied des FDP-Bundesvorstandes (bis 1976). Daneben gründet sie 1964 die Theodor-Heuss-Stiftung und ist seither deren Vorsitzende. Von 1967 bis 1969 Staatssekretärin im Hessischen Kultusministerium, anschließend bis 1972 Staatssekretärin im Bundesministerium für Bildung und Wissenschaft. Ab 1970 für sechs Jahre Abgeordnete im Bayerischen Landtag, ab 1972 Fraktionsvorsitzende. Bis 1976 Stellvertretende Bundesvorsitzende der FDP. Ab 1976 14 Jahre lang Mitglied des Bundestages, darunter sechs Jahre Staatsministerin im Auswärtigen Amt. 1984 Rückkehr in den Bundesvorstand der FDP. Von 1986 bis 1988 Mitglied des Präsidiums und des Internationalen PEN-Clubs. Von 1987 bis 1990 Außenpolitische Sprecherin der FDP-Fraktion.

H. Hamm-Brücht

»Ich duze nicht mal mich selber«

»Ich finde, daß beide dies nicht verdient haben. Helmut Schmidt, ohne Wählervotum gestürzt zu werden, und Sie, Helmut Kohl, ohne Wählervotum zur Kanzlerschaft zu gelangen!« Die Reaktionen im Bonner Parlament auf die wohl am meisten beachtete Rede einer politischen Laufbahn waren geteilt. Von seiten der SPD gab es frenetischen Beifall, von seiten der CDU kräftige Buhs. Etliche Freidemokraten applaudierten heftig, andere reagierten so gut wie gar nicht. Helmut Kohl, der an diesem Tag zum neuen Kanzler gewählt werden sollte, war außer sich und machte seinem Ärger mit dem Zwischenruf Luft: »Das ist ein Skandal!« Seit diesem Tag, dem 1. Oktober 1982, hat er kein Wort mehr mit Hildegard Hamm-Brücher gewechselt, die immerhin noch bis zum Jahr 1990 als Abgeordnete dem Deutschen Bundestag angehörte.

Ich besuche Hildegard Hamm-Brücher an einem heißen Sommertag in ihrer Wohnung im gediegenen Münchner Stadtteil Harlaching und bin nicht nur wegen der Hitze, sondern auch ob meiner leichten Verspätung schwer ins Schwitzen geraten. Sie beschwichtigt mein Entschuldigungsgestammel, gießt mir den schon aufgebrühten Kaffee ein und präsentiert mir herrliche, frische Erdbeeren. In der weitläufigen, hellen Wohnung nehmen wir in dem offenen Raum Platz, der auch das Lesezimmer ist, und schon auf den ersten Blick entdecke ich in den Regalen eine ganze Anzahl von politischen Werken und Biographien. Frau Hamm-Brücher, der ich zum zweitenmal in meinem Leben persönlich begegne, ist in den Farben Weiß und Hellblau gekleidet. Über der hellen Hose trägt sie eine zartblaue Strickjacke mit großen Maschen, so wie ältere Herrschaften sie gerne tragen, und eine Perlenkette. Ihre Frisur, seit Jahrzehnten unverändert, sitzt wie immer perfekt. Plötzlich wird mir bewußt, daß ich einer Dame gegenübersitze, die die Mitte Siebzig bereits überschritten hat. Sie hat das Glück, zu den Menschen zu gehören, deren Gesicht man auch im Alter noch ohne jede übertriebene Höflichkeit als ausgesprochen schön bezeichnen kann. Es mag an der ihr eigenen Disziplin liegen, daß vermeintliche kleine Sünden keine Spuren hinterlassen haben. Ich frage mich allerdings in dem Moment, ob ich mir vorstellen kann, daß sie überhaupt welche begangen hat.

Hildegard Hamm-Brücher würde man so ohne weiteres keinen »Anschlag auf das Grundgesetz« zutrau-
en, wie es ein tobender Heiner Geißler damals, an
jenem 1. Oktober des Jahres 1982, formuliert hatte.
Nach ihrer Rede hatte sie dem noch auf der Regie-
rungsbank sitzenden Helmut Schmidt die Hand
geschüttelt und danach ziemlich erschöpft, aber sehr
beherrscht und ohne Tränen in den Augen, wie sie
beteuert, wieder auf ihrem Abgeordnetenstuhl Platz
genommen. Daß bis heute die wahren Hintergründe
für den Koalitions- und damit Regierungswechsel
nicht offen thematisiert werden, wundert sie doch
sehr. Und hier nimmt sie in ihrem ausladenden
beigen Ledersessel eine gespannte Haltung an, hebt
zur Unterstreichung ihrer Sätze die rechte Hand und
wird so ganz Politikerin, deren Sätze man druckreif
übernehmen kann. Für sie ist der Fall klar: Nur weil
die SPD damals bei einem von der FDP gewünschten
Amnestie-Gesetz für Parteispendensünder nicht
mitspielte, wechselte die FDP mit so prominenten
Angeklagten wie Graf Lambsdorff und Friedrichs
das politische Lager. Nachdem die CDU signalisiert
hatte, daß sie selber tief im Sumpf stecke, kam es
von einer Interessen- zur neuen Regierungskoalition.
Hildegard Hamm-Brücher, die nicht nur für die Bei-
behaltung der SPD/FDP-Koalition war, sondern auch
nach eigenen Worten einen »Riesenaufstand« gegen
die Amnestiepläne inszeniert hatte, war fortan nicht
nur für die CDU ein rotes Tuch, sondern auch in der
eigenen Partei weitgehend isoliert. Sie benutzt star-

ke Worte, wenn sie von dieser schwierigsten Zeit ihrer politischen Laufbahn erzählt, spricht von Mobbing und davon, daß es ihre größte politische Desillusionierung war, so etwas unter liberalen Parteifreunden erleben zu müssen. Und während sie beherrscht-freundlich schildert, wie sehr diese Erfahrungen geschmerzt haben, lächelt sie wie stets dieses Lächeln, das nicht nur Selbstsicherheit ausstrahlt, sondern auch Resignation.

Aber sie hat diese politisch wie menschlich schwere Zeit durchgestanden, hat ausgehalten, daß sie in der Zeit danach in ihrer Partei erst mal auf keinen grünen Zweig mehr kam, egal, wofür sie sich einsetzte. Manchmal sehr einsam und sehr zornig, sicherlich. Aber auch dann noch gerade zu stehen und Haltung zu bewahren, wenn um sie herum alles aus den Fugen gerät. Das mußte sie lernen, schon sehr früh, als eine Art Überlebenstraining.

Ihre Kindheit endete schlagartig am 17. November 1932, dem Tag, als ihre Mutter starb. Da war sie gerade mal elf Jahre alt und Vollwaise. Ein Jahr zuvor hatte sie ihren Vater, Direktor der Berliner Niederlassung der Elektro-Thermit, verloren. Er war an einer falsch behandelten Blinddarmentzündung gestorben, die Mutter wahrscheinlich an einem Hirntumor. Von da an fühlt sich die älteste Tochter verantwortlich für die beiden jüngeren Geschwister, und alles Unbeschwerte, was bis dahin das Leben in der wohlhabenden, bildungsbürgerlichen Familie bestimmt hatte, wich der persönlichen Disziplin und wenig später dem zeitbedingten Schrecken der nationalsozialistischen Herrschaft. Ein Jahr nach dem Tod der Mutter kam sie zur Großmutter Else Pick nach Dresden, an der sie sehr hing, und besuchte dort die Oberschule. Die Großmutter, die einer zum Protestantismus übergetretenen jüdischen Familie entstammte, informierte ihre Enkel erst nach dem Erlaß der Nürnberger Gesetze im Jahr 1935 über ihre jüdische Abstammung. Hildegard, über Nacht zur »Halbarierin« geworden, mußte mit plötzlichen Anfeindungen fertigwerden. Sie durfte nicht mehr an sportlichen Wettkämpfen teilnehmen, nicht mehr mit ins Landschulheim fahren, und auch von Schulfeiern war sie ausgeschlossen. In ihren Erinnerungen beschreibt sie, daß sie damals die Welt nicht mehr verstand. Die Ordnung ihrer ersten elf Lebensjahre war zusammengebrochen und einem Chaos aus Ausgrenzung und emotionaler Verwirrung gewichen. Sie beschreibt sich selbst zu dieser Zeit als herb und abweisend. 1937 schickte die geliebte Großmutter, von ihr »Ömchen« genannt, sie ins Internat Schloß Salem am Bodensee. Dort stand man den Nazis distanziert gegenüber und verfolgte immer noch liberale Erziehungsideale. Ein Jahr später allerdings wurde auch Salem auf höchsten Befehl von »Nichtariern gesäubert«. Immerhin wurde Hildegard Hamm-Brücher im nahegelegenen Konstanz in die Oberprima des Mädchenrealgymnasiums aufgenommen und machte dort Anfang des Jahres 1939 das Abitur. Während des anschließenden Arbeitspflichtjahres hatte sie ausnahmsweise einmal Glück. Als die Lagerführerin bei einem Morgenappell verkündete, wer Medizin oder Chemie studieren wolle, würde vorzeitig entlassen, trat Hildegard Hamm-Brücher kurzentschlossen nach vorne und entschied sich für ein Studium der Chemie. Ihrem Doktorvater, Heinrich Wieland, der 1927 mit dem Nobelpreis ausgezeichnet worden war, verdankt sie Ausbildung und Schutz. Nach der Pogromnacht im November 1938 hatten sich ihr Onkel und seine Vettern zur Flucht aus Deutschland entschlossen, die Älteren blieben. Zum Beispiel die Großmutter, Witwe des königlich-sächsischen Kommerzienrats und Malzfabrikbesitzers Pick, deren großes Haus 1941 zum »Judenhaus« umfunktioniert worden war, das sie seitdem mit vier jüdischen Familien teilen mußte. Die Repressalien wurden immer stärker, und Hildegard Hamm-Brücher erinnert sich, als wäre es gestern geschehen, an eine Fahrt mit der Straßenbahn, während der sie die an Krücken gehende Großmutter begleitete. Als ein freundlicher Fahrgast der behinderten, alten Dame seinen Platz anbot, hat sie nur den Kopf geschüttelt und schweigend auf ihren gelben Stern gezeigt. Als »Nichtarierin« hatte sie ja kein Recht mehr, sich zu setzen. 1943 bekam sie die Nachricht, daß sie nach Theresienstadt abtransportiert werden solle. Daraufhin nahm sich Else Pick das Leben.

Rückblickend kann die überzeugte Christin den Selbstmord der Großmutter nicht nur verstehen, son dern sie bewundert deren Mut. So seien ihr wenigstens das jämmerliche Leben im Lager und ein grausamer Tod dort erspart geblieben. Sie selbst sei immer wieder mit antisemitischen Vorurteilen konfrontiert worden. Nicht in Form konkreter Angriffe, aber sie habe schon zu hören bekommen, manche ihrer politischen Einstellungen seien bei der »Abstammung« ja kein Wunder. Und irgendwie sei zeitlebens dieses Gefühl der Fremdheit geblieben, das sie immer umgebe.

Eines blieb ihr ein Leben lang erhalten: Ihre Wachheit gegenüber jeder Form von Nazismus. Bereits Ende 1945 beginnt die frisch promovierte Chemikerin Hildegard Hamm-Brücher als wissenschaftliche Redakteurin bei der in München erscheinenden »Neuen Zeitung«. Durch die Mitarbeit an diesem Blatt, in dem die kritische Auseinandersetzung im Vordergrund stand, sei ihr politisches Bewußtsein gewachsen, nicht zuletzt durch die hier entstandene Bekanntschaft mit Persönlichkeiten wie Hans Habe, dem ersten Chefredakteur, Eugen Kogon, Ernst Kramer, Alfred Andersch, Walter Dirks, um nur einige zu nennen. Entscheidend für ihr weiteres Leben ist die Begegnung mit Theodor Heuss, dessen politische Ansichten die junge Reporterin faszinieren. Von ihm animiert – »Mädle, Sie müssen in die Politik!« –, entschließt sie sich bereits 1948, für den Münchner Stadtrat zu kandidieren. Nach der Wahl wird die jüngste Stadträtin Deutschlands als »eine natürlich hübsche junge Dame mit braunem Wuschelkopf und modisch langem Rock« beschrieben. Der Rock, sie erinnert sich genau, war von einer befreundeten Amerikanerin für den offiziellen Auftritt gepumpt.

Mir war aufgefallen, daß ihr Sohn Florian im Jahr 1954 geboren wurde, ihre Hochzeit mit dem früheren Münchner Stadtrat Erwin Hamm aber erst 1956 stattfand. Darauf angesprochen, blickt sie erstaunt und wird tatsächlich etwas verlegen. Nun ja, das sei nicht einfach gewesen. Immerhin sei ihr Mann damals noch verheiratet gewesen. Sie habe hin und her überlegt, ob sie nach Holland fahren sollte oder nach England. Sie fängt sich aus ihrer leichten Unsicherheit und setzt entschieden nach, letztlich aus religiösen Gründen habe sie sich für das Ja zum Kind entschieden. Die Situation damals war heikel. Erwin Hamm, übrigens Mitglied der CDU, war noch verheiratet. Sie, eine junge bayerische Landespolitikerin, nicht ohne Ehrgeiz. Und das Mitte der fünfziger Jahre! Hildegard Hamm-Brücher entschied ebenso diskret wie pragmatisch. Die letzten drei Monate der Schwangerschaft verbrachte sie bei ihrem ältesten Bruder in Holland, zu niemandem sonst sagte sie ein Wort. Florian kam dann als Pflegekind zu ihrer Schwester. Das erste Lebensjahr sah sie ihren Sohn nur an den Wochenenden. Nachdem ihr Mann geschieden war, konnten sie endlich heiraten. Was wurde in München viel getuschelt! Aber spätestens als drei Jahre später noch die Tochter Miriam Verena das Licht der Welt erblickte, war gesellschaftlich wieder alles im Lot.

Ihre politischen Erfolge erntete sie in der bayerischen Landespolitik ebenso wie als Staatssekretärin im hessischen Kultusministerium zur Zeit der großen Bildungsreform. 1976 kam sie in den Bundestag und wurde unter Genscher Staatsministerin im Auswärtigen Amt. Bereits in den siebziger Jahren agierte sie als stellvertretende Bundesvorsitzende ihrer Partei, von 1984 bis 1990 gehörte sie zum Vorstand der FDP, die letzten beiden Jahre war sie Mitglied des Präsidiums. Der ganz große Sprung blieb ihr versagt, und spätestens mit ihrer Rede am 1. Oktober 1982 hat die moralisch rigorose Liberale ihr Talent unter Beweis gestellt, sich Feinde fürs Leben zu schaffen. Das Ende der politischen Karriereleiter schien damit erreicht.

Wer das Nein über die Parteiräson stellt, darf sich nicht wundern, erst recht nicht als Frau. Nicht nur Helmut Kohl, auch der Chefliberale Hans-Dietrich Genscher, mit dem sie nie ganz warm geworden war, war auf die ehemalige Vorzeige-Liberale nicht mehr gut zu sprechen. Ausgerechnet aus seinem Außenministerium wurde kolportiert, die Staatsministerin hätte sich vor ihrer Rede nach ihren Aussichten in einer neuen Regierung erkundigt.

Daß sie auf ihre alten Tage noch zu einem ganz großen Coup ausholen würde, damit hat sie wohl nicht mal selbst gerechnet. Es waren Frauen, die auf die Idee kamen, die widerspenstige Alt-Liberale zur Bundespräsidentin zu machen. 1993 war die Situation um die Nachfolge Richard von Weizsäckers verfahren. Der Vorschlag Kohls, Steffen Heitmann auf den Schild zu heben, rief parteiübergreifendes Entsetzen hervor, nicht zuletzt wegen dessen seltsamen Aussagen zur deutschen Geschichte und zur Rolle der Frau, die die Mutterschaft wieder als zentrale Aufgabe begreifen sollte. Die FDP war über den Vorschlag der Fraueninitiative von 35 Politikerinnen, Schauspielerinnen und Künstlerinnen erst verblüfft, dann hocherfreut, denn schon als bloße Kandidatin konnte sie immerhin jede Menge Sympathiepunkte für die angeschlagenen Liberalen holen. Hildegard Hamm-Brücher hatte aber keine Lust, als bloße Zählkandidatin aufzutreten. Sicherlich war Genugtuung ihren alten Parteifreunden gegenüber im Spiel, sicherlich fühlte sie sich auch ungemein geschmeichelt. Realistisch gesehen hatte sie keine Chance, ihren politischen Lebensabend als deutsches Staatsoberhaupt zu verbringen. Auch als Steffen Heitmann aus dem Rennen genommen wurde, dachte sie gar nicht daran, als Joker, der nicht mehr gebraucht wird, von ihrer Kandidatur zurückzutreten und den Weg freizumachen für den neuen CDU-Kandidaten. Zumal sie Sympathiebekundungen aus dem ganzen Land erhalten hatte. Das Parteikalkül aber sah eine andere Lösung vor. Vor dem dritten Wahlgang nahm Parteichef Kinkel die moralisierende Nervensäge kurzerhand aus dem Rennen. Die FDP stimmte für Roman Herzog. Es blieb beim bloßen Versuch.

»Ach, die Partei, so entscheidend war die eigentlich nie. Ich behaupte mal, daß ich der Partei wenig
verdanke. Meine innere Unabhängigkeit hab' ich mir
von Anfang an erhalten.« Ich müßte sehr schieflie-
gen, hätte ich da nicht doch eine Spur Bitterkeit her-
ausgehört. Und als ich nachhake, gibt sie mit gerun-
zelter Stirn und leicht trotzig hochgerecktem Kinn zu:
Wäre sie jünger gewesen, hätte sie den Scheidebrief
geschrieben. Und warum schrieb sie ihn nicht?
»Weil's mir zu mühsam war, nach all den Jahren, und
weil ich eine liberale Blutgruppe habe«, meint sie
lakonisch und läßt ihr trotzig hochgerecktes Kinn
wieder sinken.

Hildegard Hamm-Brücher wirkt immer kontrol-
liert, ja fast ein wenig reserviert. Unkonventionelles
paßt so gar nicht ins Bild. Eine Frau, bei der man
denkt: »Gräfin Guldenburg lebt!« Bei der man sich
einfach nicht vorstellen kann, daß sie mal laut
»Scheiße!« schreit oder eigentlich überhaupt schreit.
Qi Gong und Tai Chi, zwei fernöstliche Entspan-
nungsmethoden, hat sie praktiziert, um immer aus-
geglichen und beherrscht zu sein. Von ihr ist der Satz
überliefert: »Ich duze nicht mal mich selber!« Ja, was
Verrücktes anstellen, sinniert sie und lächelt. »Ich
hab's mir immer vorgestellt, ich würd's mal so gerne!«

HEIKE MAKATSCH

Heike Makatsch wird am 13. August 1971 in Düsseldorf geboren. Nach dem Abitur studiert sie an der dortigen Universität Medienwissenschaften, Soziologie und Politik. Nebenbei absolviert sie Praktika bei der »Düsseldorfer Stadtillustrierten« und beim Düsseldorfer »Prinz«, für die sie später als freie Mitarbeiterin schreibt. Nach vier Semestern bricht sie ihr Studium ab und fängt eine Lehre an der Düsseldorfer Schneider- und Designschule an. Nach erfolglosem Casting für eine MTV-Moderation 1993 wird in Deutschland VIVA auf sie aufmerksam. Bei dem neuen Sender startet sie als Moderatorin der Sendungen »Interaktiv« und »Heikes Hausbesuch«. 1995 übernimmt sie für zwei Jahre die Moderation von »Bravo-TV« bei RTL 2. Der Sender bietet ihr 1997 eine eigene Talk-Show an. »Heike Makatsch – Die Show« wird nach vier Folgen wieder eingestellt. Daneben Schauspielerfahrungen, u. a. 1995 in Detlev Bucks »Männerpension« und 1996 in dem Kinofilm »Obsession«. 1997 folgen »Aimée und Jaguar« und der Doris-Dörrie-Film »Bin ich schön«. Zur Jahreswende 1997/98 steht sie erneut für Detlev Bucks Film »Liebe deinen Nächsten«, der Weihnachten 1998 in die Kinos kommt, vor der Kamera. Neben dem »VIVA-Comet« und dem »Telestar« erhält sie unter anderem den »Bayerischen Filmpreis« für ihre Rolle in »Männerpension«.

»*Man wird so schnell so maskottchenartig*«

Die Augen von Heike Makatsch werden noch ein bißchen größer und spiegeln schiere Verzweiflung über eine ihr möglicherweise nachgesagte Zickigkeit. Bestimmt würde ich jetzt denken, sie sei ja schon wie Joan Collins! Aber sie brauchte einfach unbedingt eine Minibar! Am Vorabend hatte sie das Münchner Hotel, in das sie nach einem anstrengenden, langen Tag in Berlin gekommen war, blitzartig wieder verlassen. Es hatte zwar eine allerfeinste Adresse, war wunderschön und überhaupt, bot aber weder eine Minibar noch Pay-TV. Das war zuviel für sie oder besser gesagt zuwenig. Ein Anruf bei ihrer Managerin und Freundin, und schon war sie ins Nobelhotel »Vier Jahreszeiten« umquartiert. Auch wenn sie so was selber vor fünf Jahren zum Kotzen gefunden hätte!

Fünf Jahre zuvor war Heike Makatsch zwanzig und studierte ziemlich planlos vor sich hin. Das machte sie mitnichten nervös, denn sie war beseelt von der tiefen Zuversicht, daß ihr im Leben nichts wirklich Schlimmes widerfahren kann. Fünf Jahre später ist sie dabei, in den schweren Polstern des vornehmen Hotels zu versinken und sich um halb elf Uhr morgens ihre dritte Zigarette in Folge anzustecken. Sie fällt auf in diesem Rahmen, und das liegt nicht nur an ihrem bekannten schönen Gesicht. An ihren schlanken Hüften halten sich so gerade noch schlabbrige Jeans, darüber trägt sie ein schlammfarbenes T-Shirt mit einer dunkelblauen Trainingsjacke, ganz unten schwarze Turnschuhe mit gelben Streifen. Ihre Haare, derzeit wieder rötlich, werden durch ein mit Straß verziertes Hornklämmerchen gehalten. Sie amüsiert sich köstlich bei dem Gedanken, daß sie vor nicht allzu langer Zeit bei einem solchen Outfit mit Sicherheit abschätzig gefragt worden wäre, ob sie denn überhaupt ein Zimmer in diesem Haus habe oder wenigstens einen Termin und wenn, bitte mit wem.

Mittlerweile nehmen die Menschen Haltung an, wenn sie erscheint. Oder reißen beflissen Türen und Wagenschläge auf. Dabei erinnert sie sich nur zu gut an das Gefühl, am Eingang abgewiesen zu werden. Schon früher lief sie gerne ein bißchen schlampig rum, und mit schöner Regelmäßigkeit donnerte ihr ein »Geschlossene Gesellschaft!« entgegen.

Die Freunde, die sie früher hatte, rissen meistens auch niemanden vom Stuhl. Die von ihr als ausgesprochen tolerant geschilderte Mutter fragte regelmäßig mit nur halb gespielter Verzweiflung, warum ihre Tochter eigentlich immer solche Hänger mit nach Hause brächte. »Vielleicht hab' ich gedacht, ich könnte denen was von meiner Stärke abgeben«, erklärt Heike Makatsch rückblickend, und dabei ist nicht ein Anflug von Selbstüberschätzung zu spüren.

Nach einem Casting beim Fernsehsender Viva startete Heike Makatsch durch. Eigentlich saß sie einfach nur nachmittags in einem großen, bunten Studio und beantwortete spontan die gefaxten Fragen junger Zuschauer. Aber im Gegensatz zu manchem alten Fernsehhasen, der noch nach dreißig Jahren Kameraerfahrung ohne Teleprompter so verloren wirkte wie ein Fisch auf dem Trockenen, saß Heike auf dem Studiosofa so relaxed, als stünde es bei ihr zu Hause im Wohnzimmer. Sie war immer gut drauf, ein bißchen frech, aber nicht zu sehr, sah gut aus und wirkte so, als hätte sie gerade die Schule geschwänzt. Daß sie schon über zwanzig war, fiel nicht weiter ins Gewicht. Die interaktive Lebenshilfe kam so gut an, daß das Fax-Fräulein vom Fernsehamt in Null Komma nichts zum Girlie der Nation wurde. Wer sich im deutschen Fernsehen gut macht, bekommt zur Belohnung eine Talkshow. 50mal machte die TV-Senkrechtstarterin mit der Kamera Hausbesuche, und selbst wenn sie bei Ikonen der Pop-Geschichte wie David Bowie klingelte, fragte sie den, als wär's Onkel Hans, Vaters bester Freund, der so schön aus den wilden Sechzigern erzählen kann. Nein, so richtiges, schlimmes

Lampenfieber kennt sie eigentlich nicht, und irgendwie hatte sie bei all ihren Interviews immer das Gefühl, ernst genommen zu werden. Eine Lebenserfahrung, die sich wiederholt. Schon als Schülerin in der Montessori-Schule lief sie mit ihren Fragen nie ins Leere, und auch zu Hause wurde sie von klein auf für voll genommen. Der einzige, der ihr einen Strich durch die Rechnung machte, war Christoph Schlingensief. Wer als letzter Aufrechter im Theater und im Fernsehen zur Anarchie aufruft, der darf dem Charme eines Fernseh-Girlies auf keinen Fall erliegen. Schlingensief schaltete auf stur, ließ Heike mit ihren Fragen auflaufen, und dieser Hausbesuch der Schönen bei dem Biest gereicht ihr noch nachträglich zum Alptraum. Sie verstand die Welt nicht mehr.

Ihre Fernseherfahrungen hat sie in Rekordzeit gemacht. Nach den Hausbesuchen beim Sender Viva kam Bravo-TV bei RTL 2 und danach der erste richtige Flop. Nach gerade mal vier Folgen wurde die groß angekündigte Heike-Makatsch-Show aus dem Programm genommen. Dabei hatte es eine Fernseh-Party sein sollen, so ganz nach Heikes Geschmack. Mit Musik, die grade angesagt ist, und lauter Leuten, die gut drauf sind. Wegen eines schwachen Konzepts und extrem niedriger Quoten kam das schnelle Aus. »Na ja, es hat mir schon was ausgemacht«, druckst sie und hüstelt, aber daß die Kritiker sie nicht gleich hingerichtet haben, wie das sonst in diesem Gewerbe üblich ist, hat sie gewundert und natürlich gefreut.

Die Sender reißen sich weiter um sie und überhäufen sie mit Angeboten. »Aber warum um alles in der Welt«, fragt Heike, »soll ich jetzt eine Reisesendung moderieren? Das ist so, als würde man mir die Stelle einer Zahnarzthelferin anbieten!« Muß sie auch gar nicht, denn Heike Makatsch hat auf einem anderen Gebiet von sich reden gemacht. Der Film »Männerpension« war zunächst einmal einfach ein schauspielerischer Versuch gewesen. Sie hat sich doch überhaupt nur getraut, weil sie sich dachte, der Regisseur Detlev Buck wird sich schon was dabei denken, wenn er mich fragt. Der wird sich durch mich doch nicht leichtsinnig seinen Film ruinieren lassen! Ob sie denn nicht wenigstens beim Singen ein bißchen Angst vor der eigenen Courage gehabt hätte. »Nö«, lautet ihr knapper Kommentar, und es muß an diesen Augen und ihrem unbändigen Lachen liegen, daß man ihr jedes Wort glaubt. Ein bißchen Sekt, räumt sie ein, habe allerdings schon dazu gehört. Das Ergebnis dieser Premiere: Sie wurde als beste Nachwuchsschauspielerin mit dem Bayerischen Filmpreis ausgezeichnet.

»Für mich ist wichtig gegenzusteuern gegen das, was von mir erwartet wird. Ich will mir selber beweisen, daß ich genau das nicht bediene.« Ihre Töne werden trotzig, wenn es um die Frage geht, wohin ihr Weg denn jetzt führen soll. Zur Zeit sei das Allerwichtigste, sich vor dem Eingenommenwerden zu schützen. Bisher konnte sie machen, was sie wollte – alle fanden sie wunderbar. Hauptsache jung und gut drauf und selbstbewußt. Da wurde selbst ihre demonstrativ zur Schau getragene Un-Frisur von »Bravo« als Heike-Makatsch-Schnitt weiterempfohlen. Irgendwann hat sie sich die Haare dann schwarz färben lassen, »auch wenn das wirklich scheiße aussah«. Hauptsache, sich nicht auf einen Typ festlegen lassen, Hauptsache, nicht »maskottchenartig« verschlissen zu werden. Aber ihre fast wütende Zurückweisung der Rolle des deutschen Vorzeige-Girlies hat sich gegen die Penetranz der medialen Wiederholung nicht durchgesetzt.

Vielleicht war das mit ein Grund, die Hauptrolle in dem Film »Obsession« von Peter Sehr anzunehmen. Im Moment sind Komödien angesagt, eine solche Dreiecks-Liebesgeschichte mit viel Verzweiflung konnte wohl kaum ein kommerzieller Erfolg werden. Das war ihr klar, trotzdem hat sie ja gesagt. Es war genau dieser Stoff, der sie reizte, und sie wollte beweisen, daß der Weg zum Film der richtige ist. Heike Makatsch schnippt ihre Asche versehentlich neben den Ascher und hustet nervös. Eigentlich kann sie sich über Regisseure nur wundern, die ihre eigene Vision haben und dann so 'ne Fernsehmaus nehmen. Regisseur Peter Sehr hatte sich nach Probeaufnahmen sofort für sie entschieden und schwärmte von ihrer Leinwandpräsenz. Das Publikum war nicht zufrieden, kannte seine »Gute-Laune-Heike« nicht wieder. In dem Film »Aimée und Jaguar«, einer authentischen Liebesgeschichte zwischen zwei Frauen im Dritten Reich, ist sie in einer Nebenrolle zu sehen, aber, so Heike, sie hätte auch einen Baum gespielt, nur um dabeizusein. Klar, das Ganze werde auf der Leinwand zum Schmalzknaller, es darf mindestens soviel geheult werden wie in »Vom Winde verweht«! Dabei wirft der Stoff für sie vor allem die Frage auf, wie Menschen unter bestimmten historischen Bedingungen funktionieren. »Schindlers Liste« fällt ihr ein, und sie regt sich darüber auf, daß der Schluß eines solchen Films über das Verbrechen an den Juden als eine Art Happy-End zelebriert wird. Gegen die klaren Lösungen auf der Leinwand oder dem Bildschirm hat sie was. Da fällt ihr Heinrich Breloers »Todesspiel« ein. Die Fernseh-Dokumentation über die Schleyer-Entführung im Herbst 1977 hat sie zwar nicht gesehen, aber viel darüber gelesen. Daß der Schluß keinen Zweifel läßt am Selbstmord der RAF-Terroristen, hat sie total genervt. Das waren Leute, die gekämpft haben gegen die Polizei – und da fällt Heike erst nur das englische Wort »suppression« ein –, gegen den Imperialismus unseres kapitalistischen Systems. Ob sie auch schon mal Wut gegen die Obrigkeit empfunden habe? Eigentlich nur beim Schwarzfahren, erinnert sich Heike wild gestikulierend. Wenn so ein Kontrolleur einen anfaßte und rausholte, dann war sie außer sich. Ansonsten habe sie halt ein sehr liberales Elternhaus gehabt, da mußte sie keinen harten Gegenkurs steuern. Ihr Vater sei immer sehr politisch gewesen, früher habe es ja auch Grund genug gegeben, sich aufzuregen, über den Vietnam-Krieg zum Beispiel. Aber heute? Wirklich erschüttert habe sie damals die Ermordung John Lennons. Ihre Mutter habe sehr geweint, und auch wenn sie erst neun war, habe sie begriffen, daß da etwas ganz Schlimmes passiert sei. Sie hat sich dann ein paar Jahre später auf seine Spuren begeben, jeden Zeitungsschnipsel gesammelt, sich nach Liverpool aufgemacht, um seine Herkunft nachzuempfinden. Seine Musik höre sie heute noch regelmäßig, aber das eigentlich Faszinierende sei der Mensch John Lennon gewesen, der immer seinen eigenen Weg ging, sich an nichts anpaßte, neue musikalische Ideen ausprobierte und mit seiner Yoko rumlief und rumschlief, auch wenn die halbe Welt in Ohnmacht fiel. Der sich, obwohl er so weit oben war, für Randgruppen und Außenseiter einsetzte.

Popmusik sei so eine Art Lebenssoundtrack für sie, und sie höre die immer und überall. Mal schmelze sie bei Simon and Garfunkel dahin, dann schalte sie um auf Spice Girls, und genauso regelmäßig müsse es eine Dosis Punk-Rock sein. Nichts löse bei ihr solche Emotionen aus wie Musik, und schon über Winzigkeiten, über so einen kleinen Wechsel von Dur auf Moll könne sie dahinschmelzen. Na gut, der Film »Love Story« hätte sie rein gefühlsmäßig auch umgehauen – und Heikes gespieltes Schluchzen geht in leicht nervöses Husten über. Wenn sie mit Händen und Füßen redet, dann ist eine Begeisterungsfähigkeit zu spüren, die selbst vor der Armlehne eines Stuhls nicht haltmachen würde.

Ob ihr manchmal nicht alles ein bißchen zu schnell gehe? Manchmal hat Heike Makatsch einen zögerlichen Ausdruck im Gesicht, von dem sich schwer abschätzen läßt, ob er in ein strahlendes Lachen oder in äußerste Zerknirschtheit übergehen wird. »Ich finde, ich sehe aus wie 'n Baby, wenn ich mir heute Fotos aus der Viva-Zeit angucke.« Die Fotos sind dreieinhalb Jahre alt. In der vergangenen Zeit mußte sie eben einiges an Geld und Erfolg einstecken. Klar, sei das eine künstliche Welt, und die wichtigen Werte finde man da nicht. Sie habe halt auch keine Stammkneipe mehr wie früher zu Hause in Düsseldorf und eine Clique auch nicht. Aber das Wichtigste sei, sich nicht einfangen zu lassen, sich bloß nicht durch materialistische Werte ködern zu lassen. Und wenn sie das sagt, dann flüstert sie beinahe vor Ernsthaftigkeit in der vornehmen Atmosphäre der »Vier Jahreszeiten«.

flüstert baby im moment schluff-phase dann wieder plateau-sohlen und dann wieder gegensteuern schwarz färben was zwar scheiße aussah selbst beweisen nichts bedienen imagewechsel quatsch einfach nur gegensteuern man wird so schnell so maskottchenartig stars die ihr leben lang gleich aussehen wigald boning markenzeichen ihr leben lang von oben bis unten man beschneidet die eigene freiheit erwartungen anderer mann frau ich liebe es wenn ein mann auf zwei fingern pfeifen kann starke schultern dolles gefühl aber im zweifelsfall kann ich das alles auch alleine husten frauenbilder hera lind doch nur am mann orientiert hauptsache ich krieg den ich bin

eine gute frau denn ich habe einen mann an meiner
seite bloß nicht alles sonst hausbesuche 50 david
bowie ich kleines mädel und der große alte mann alptraum schlingensief das schlimmste gespräch das ich
in meinem leben geführt habe alptraum eines interviews am wichtigsten ist musik popmusik ausdruck
von dem was passiert vor dem ich auf die knie falle
jeden schnipsel sammeln vor das geburtshaus
gewohnt mit tante bißchen krrr da war ich schon in
bißchen krrr jemand der so weit oben war daß der seinen weg für sich geht randgruppen minderheiten
lebenssoundtrack immer nur musik egal simon and
garfunkel spice girls punk-rock musik versetzt mich
innen zustand die ganze emotionalität eines pop-
songs gänsehaut dahinschmelzen ein kleines ding ein
wechsel von dur auf moll bei keiner anderen kunst-
richtung love story so geweint so geweint noch als der
film aus war macht schluchzen nach geht in husten
über begeisterung über die armlehne eines stuhls das
girlie ohne minderwertigkeitskomplexe

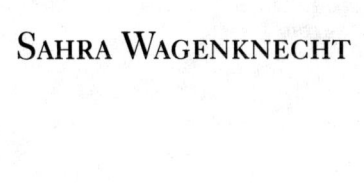

SAHRA WAGENKNECHT

Sahra Wagenknecht wird 1969 in Ostberlin geboren. Bei ihrer Ein-schulung 1975 kann sie bereits lesen und schreiben. Zu ihrem 18. Geburtstag bekommt sie »Das Kapital« geschenkt, was sie auch ganz liest. Nach ihrem Abitur 1988 in Berlin studiert sie Philosophie und Neuere Deutsche Literatur in Jena, Berlin und Groningen (Holland). 1989 Eintritt in die SED. Von 1991 bis zum Parteitag 1995 ist sie Mitglied des Parteivorstandes der SED-Nachfolgepar-tei PDS. Bis heute ist sie Mitglied der Leitung der kommunistischen Plattform der Partei. Bei der Bundestagswahl 1998 wird sie als Direktkandidatin der PDS Dortmund zur Wahl stehen. Zu ihren veröffentlichten theoretischen Schriften gehören u. a. »Antisozialisti-sche Strategien im Zeitalter der Systemauseinandersetzung« (Pahl-Rugenstein-Verlag, 1994) und »Vorwärts und Vergessen?« (konkret-Verlag, Hamburg, 1996).

»*Der war doch gegen uns*«

Der schrecklichste Tag im Leben der Sahra Wagenknecht war der 9. November 1989. Sie hatte durch einen Telefonanruf erfahren, daß die Mauer auf war und konnte es nicht glauben. Die Neuigkeiten brachten sie ganz durcheinander, und vor allem die Tatsache, daß die Menschen begeistert durch die geöffneten Grenzübergänge strömten und mit den Westberlinern Verbrüderung feierten, wollte sie nicht glauben. An dem Tag, als alles, was laufen konnte, sich aufmachte, das Unvorstellbare zu schauen, verharrte Sahra Wagenknecht in ihrer Wohnung. Die Welt mit all ihren Unzumutbarkeiten sollte einfach draußen bleiben. Erst Wochen später betritt sie zum erstenmal die Welt jenseits der Mauer in Westberlin. Sie ist zu stolz, das Begrüßungsgeld anzunehmen, läßt sich durch die Stadt treiben und die Eindrücke auf sich wirken. Am nachhaltigsten ist der von den Bettlern, die auf den Straßen kauern und ihr das

Horrorbild der kapitalistischen Welt bestätigen. Sechs Jahre später schreibt sie: »Die sozialistische Weltbewegung hat in den Jahren 1989/90 die bisher schwerste Niederlage ihrer Geschichte erlitten.« Sie selber will alles tun, um diese Niederlage rückgängig zu machen. Sahra Wagenknecht ist Marxistin und träumt von der Revolution.

Ihre Wohnung liegt in Berlin-Karlshorst im Ostteil der Stadt. Mein Taxifahrer flucht, weil er sich bei den Einbahnstraßen und Baustellen dort überhaupt nicht auskennt. Bei seinen Kollegen ist vieles im Prinzip wie früher – die aus Westberlin fahren meistens in der ihnen bekannten Hälfte der Stadt, die aus Ostberlin bleiben am liebsten drüben. Endlich haben wir es gefunden. Es ist eine schöne Wohngegend, viele der Mehrfamilienhäuser stammen aus den zwanziger Jahren, und erst auf den zweiten Blick ist zu erkennen, daß die eine oder andere Renovierungsarbeit nötig wäre. Vorgärten mit alten Bäumen prägen das Bild, und Autos stören die Ruhe der reinen Wohnstraße nicht so häufig. Auf dem Klingelschild sind zwei Namen zu lesen – Wagenknecht und Niemeyer.

Als ich in ihre Wohnung trete, wird die Welt zunächst ein wenig dunkler. Die schmale, fensterlose Diele wird bestimmt von einem ausladenden Trockenstrauß langstieliger roter Rosen. An der Wand räkelt sich Goethe in der Campagna.

Im Wohnzimmer wird die Welt erheblich heller. Durch die Fenster, umrankt von weißen, gerafften

Gardinen, fällt viel Sonne in das Zimmer. In den hohen, weißlackierten Holzregalen stehen ordentlich aufgereiht Tausende von Büchern, an den Wänden geben sich berühmte Männer in Photoform ein Stelldichein: Goethe, Richelieu, Ludwig XIV., Marx, Napoleon, Hegel und natürlich auch Lenin. Der gleich zweimal, einmal als Plakat und das andere Mal schwarz gerahmt. Goethe ist noch mehr Wertschätzung zuteil geworden. Er thront in Büstenform auf dem alten, schweren Holzschreibtisch, über die Schulter blickt ihm nur von links oben Walter Ulbricht.

Der Schreibtisch sieht aus, wie ein ordentlicher Schreibtisch eben aussieht, völlig überladen. Bücher, Papiere, ein hoher Stapel handgeschriebener Briefe, auf einem Bogen ganz oben steht nur das Wort »DURCHHALTEN«. Neben dem Bildschirm des Computers klebt ein Zettel mit der Nationalhymne der DDR. Aber weder die rote Fahne über dem Lenin-Plakat noch die Fahne der DDR nehmen dem Zimmer die ausgesprochen heimelige Atmosphäre. Das liegt zum einen an dem ausladenden Rattansessel, vollgestopft mit weichen Kissen, in dem die Hausherrin am liebsten liest, und an den vielen getrockneten Rosensträußen, die einen Eindruck von Zartheit und Vergänglichkeit verbreiten. Aus dem revolutionären Ambiente fällt auch der Bogen Papier, auf dem in großen Buchstaben unübersehbar »Je t'aime« geschrieben steht. Daneben stehen drei Photos mit ein und demselben Mann. Auf dem ersten hat er eine legere Weste an, auf dem zweiten eine Pfeife im Mund und auf dem dritten Sahra im Arm. »Herr Niemeyer?« Meine naheliegende Annahme wird bestätigt. An der linken Hand trägt sie den Verlobungsring.

Sahra Wagenknecht ist eine überaus freundliche und zuvorkommende Gastgeberin. Der kleine runde Wohnzimmertisch ist mit weißen, verschnörkelten Porzellantassen gedeckt, sie serviert Kaffee und findet für die von mir mitgebrachten Schnittblumen in der Küche ein Gemüseglas. Alle Vasen sind von Trockenblumen besetzt. Zu meiner Überraschung trägt sie ausnahmsweise keine weiße Bluse, sonst ganz typisch für sie und gerne auch mit der einen oder anderen Rüsche, sondern einen schwarzen Samtrock und einen dunklen Rollkragenpullover, der ihren Hals etwas kürzer erscheinen läßt, als er in Wirklichkeit ist. Mir war nicht erst in der Sendung aufgefallen, daß sie ihren Hals nicht nur ausgesprochen gerade, sondern fast starr hält. Auch im größten Tumult politischer Diskussionen ragt er über andere rauchende Köpfe hinaus. Ihre Art, sich auf das Gespräch einzulassen, ist sehr konzentriert und nie ausweichend. Nur wenn man sie mit zu profanen Alltäglichkeiten konfrontiert, wird sie ein wenig unsicher. Zum Beispiel mit Fragen, wann sie zuletzt im Kino war oder welche Fernsehsendungen sie bevorzugt. Sie liest lieber, statt sich sinnlosen Zerstreuungen hinzugeben, und der Fernseher wurde schon vor längerer Zeit in den Schlafzimmerschrank verbannt.

Denn das, was hauptsächlich gesendet wird, findet sie nicht nur uninteressant, sondern volksverblödend. Nur in Talk-Shows geht sie selber häufig, schließlich kann sie durch dieses Massenmedium ihre politischen Standpunkte unters Fernsehvolk bringen. Beeindruckend fand ich übrigens in der Sendung »B.trifft« ihre Antwort auf die Frage, über welchen Komiker sie am liebsten lacht. »Aristophanes« hat sie prompt geantwortet. Zu Hause habe ich glatt noch mal nachgeschlagen und bestätigt gefunden, daß dieser Vollender der attischen Komödie schon über 2 300 Jahre tot ist.

Ihre Schönheit, die von ihr ausgehende Zartheit verwirren die Gemüter von links bis rechts und sichern ihr ein enormes Maß an Medienaufmerksamkeit. So schön und Kommunistin? So jung und so ernst? So mancher Journalist greift angesichts ihrer Erscheinung tief in die Kiste dichterischer Phantasie und schwärmt von »Augen wie Mandeln in Zartbitterschokolade, die Brauen darüber wie gespannte Möwenflügel, die Nase klassisch streng, der Mund klein und geschwungen«. Aber aller Liebreiz schützt sie nicht davor, auf das heftigste angegriffen zu werden. Kein Wunder: Sie macht keinen Hehl aus der Tatsache, daß sie am liebsten die DDR wiederhätte und Walter Ulbricht für den größten deutschen Politiker dieses Jahrhunderts hält. Der Ton in ihren Schriften, auch der in ihren politischen Reden, ist nicht nur deutlich, sondern scharf. Sie spricht von der

»Annexion der DDR« durch die Besatzungsmacht BRD, nennt die DDR das »friedfertigste und menschenfreundlichste Gemeinwesen, das sich die Deutschen im Gesamt ihrer bisherigen Geschichte geschaffen haben«, kritisiert auf das schärfste die in ihren Augen zu weiche Linie des Staatsratsvorsitzenden Erich Honecker, der nicht nur westliche Besucher, sondern auch westliches Kapital und vor allem westliche Denkinhalte ins Land gelassen habe. Bei der Beantwortung der kommunistischen Gretchenfrage »Wie halten Sie's mit Stalin?« wirken ihre sonst so präzisen Ausführungen dann doch eher ausweichend. Sie argumentiert, man könne drei Jahrzehnte sowjetischer Entwicklung nicht auf Verbrechen und Menschenrechtsverletzungen reduzieren, und fragt, ob man vielleicht der Französischen Revolution dadurch gerecht wird, daß man die Guillotine für moralisch verwerflich hält. Auch ein Gregor Gysi sieht da nur noch rot. Für die PDS hätte die junge, attraktive, eloquente Frau so etwas wie ein Aushängeschild werden können, medienmäßig leicht vermittelbar, aber mittlerweile ist sie nicht mehr im Vorstand der Partei, sondern nur noch in der »Kommunistischen Plattform«, die viele PDSler als eine Art »DDR-Revival-Verein« verulken.

Schon als Kind hat Sahra Wagenknecht praktisch nie gespielt. Sie erinnert sich an kein einziges Spielzeug, keine Puppe. Sie hat schon ganz früh gemalt und saß bereits im Alter von vier Jahren am liebsten hinter Büchern. Das Schlimmste, was man ihr damals antun konnte, waren andere Kinder. Als sie in den Kindergarten sollte, hat sie sich mit Händen und Füßen gewehrt und durfte schließlich zu Hause bleiben. Für die alleinerziehende Mutter wäre es die einzige Möglichkeit gewesen, ihr Kind nach Berlin zu holen. So blieb Sahra bei den Großeltern. Für die Gemeinschaft, auch wenn es damals die heute hochgelobte sozialistische war, blieb sie ein schwieriger Fall, aber auch im familiären Kreis folgte Sahra keinem noch so lockenden Kompromiß. Stellte ihre Mutter ihr mal einen Freund vor, reagierte die Kleine mit sturer Ablehnung. Versuchte es der neue mütterliche Begleiter mit Geschenken, war er ganz unten durch, und sie strafte ihn mit grenzenloser Verachtung. Was sie nicht wahrhaben wollte, darauf reagierte sie einfach nicht. Als die Lehrer die hochbegabte Sahra wegen ihrer einzelgängerischen Persönlichkeit nicht auf die Oberschule schicken wollten, wußte sich die Mutter nur mit einer »Eingabe an den Staatsratsvorsitzenden Erich Honecker« zu helfen. Mit Erfolg. Während der Schulzeit nennt sie Goethes Faust ein elementares Erlebnis, das ihre Gedanken fortan einnimmt. Durch dieses Werk habe sie angefangen, sich Fragen nach Macht und Ohnmacht, nach Sinn und Widersinn zu stellen. Sie war so beeindruckt, daß sie beginnt, beide Teile des Faust auswendig zu lernen, um endlich zu begreifen, was die Welt in ihrem Innersten zusammenhält. In der Folgezeit verschlingt sie die Schriften von Marx, Hegel und Rosa Luxemburg, was nicht bedeutet, daß sie zum damaligen Zeitpunkt ein gut funktionierendes Mitglied der sozialistischen Gesellschaft war. Nach dem Abitur erzwingt sie eine Befreiung vom obligatorischen Universitätsdienst, weil der ihr nach eigener Aussage »zu dämlich« war. Sie blieb einfach zu Hause und galt damit als asozial. Langeweile kam da nicht auf, schließlich hatte sie sich von ihrer Mutter zum 18. Geburtstag 42 Bände des Marxismus-Leninismus gewünscht. Erst mit zwanzig Jahren, im Februar 1989, trat sie der SED bei. Da ging es mit der DDR schon zu Ende, die Menschen liefen in Scharen vor dem realen Sozialismus davon, aber gerade das war für Sahra Wagenknecht der Grund, Farbe zu bekennen. Der reine Kapitalismus konnte nur schlimmer sein. Es kam darauf an, die DDR unter allen Umständen zu retten. Ich spreche sie auf Walter Ulbricht an, dessen Bild nicht mehr an allzu vielen Wänden hängen dürfte, an ihrer aber schon. Walter Ulbricht gehören ihr Respekt und ihre Sympathie. Ihm verdankt die DDR eine »einzigartige Prosperität«. Aber immerhin habe er doch den Bau der Mauer zu verantworten? Die Mauer verteidigt sie als notwendiges Übel, um die DDR vor den feindlichen Einflüssen des Westens zu schützen. Bei dem Fall der Mauer habe sie nur Wut empfunden. Es sei ein Gefühl gewesen, als hätte man sie ganz persönlich gedemütigt.

Das Telefon klingelt, und ich erlebe, wie sich eine weibliche Stimme allein aus Fürsorglichkeit und Liebe um mehrere Oktaven nach oben verschiebt. Herr

Niemeyer ist dran. Ich versuche wegzuhören und lasse meine Blicke noch einmal in aller Ruhe über die Bücherregale schweifen. 140 Bände eines Taschenbuch-Nachdrucks der Weimarer Goethe-Ausgabe, auch noch die Berliner Goethe-Ausgabe, die gesamte deutsche Klassik, die französische dazu, Shakespeare, unzählige Bände von Peter Hacks, mehrere Meter Marx-Engels, Georg Lukács, viel Thomas Mann. Ganz vorne und offensichtlich gelesen, der kleine Bestseller aus Italien »Geh wohin dein Herz dich trägt« von Susanna Tamaro. »Hast du schon gegessen?« fragt Sahra Wagenknecht mit besorgter Stimme in den Hörer. Ich schaue verstohlen auf die Uhr. Es ist halb zwölf Uhr mittags. Nach Beendigung des Telefonats spreche ich sie auf das persische Wörterbuch an. Ihr Vater ist Iraner, und auch wenn sie ohne ihn aufgewachsen ist, war es ihr wichtig, sich zumindest mit der Sprache des Vaters zu befassen. Annäherung an den Vater als Vokabelaufgabe. Noch ein ganz dickleibiges anderes Buch entdecke ich unweit des Telefontischchens – einen aktuellen Versandhauskatalog. Ich frage mich, ob diese höfliche, belesene junge Frau wohl irgendeinen Hang zum Unsinn hat. Statt dessen frage ich sie nach Wolf Biermann. Bei seiner Ausbürgerung war Sahra gerade sieben. Der hat sich selber ausgegrenzt, sagt sie mit einer Spur Verächtlichkeit in der Stimme. Ich hake nach, ob für sie die Ausbürgerung rechtens war. Sie weicht aus und pauschaliert: »Der war doch gegen uns!« Und Manfred Krug, Angelika Domröse, Jurek Becker,

Sarah Kirsch? Kann man nicht über einen Kamm scheren. So präzise und ausführlich sie sonst auf Fragen eingeht, so einsilbig ist sie auf diesem Gebiet. Nach gut zwei Stunden fährt das Taxi vor. Der Fahrer ist offensichtlich schlechter Laune und schimpft wie ein Rohrspatz. Nur das mit den Autos, das hätten die Wessis wirklich immer schon besser draufgehabt. Er sei ja ewig seinen alten Wartburg gefahren und habe es wohl deswegen schon lange am Kreuz. Aber alles andere sei doch für die Katz. Die Fahrt zum Flughafen dauerte etwa vierzig Minuten. Ich hätte nie gedacht, wieviel ein Mensch in der Zeit schimpfen kann.

Monate später schlage ich die Zeitschrift »Gala« auf, die sich bevorzugt den sehr Schönen und sehr Reichen widmet. Auf Seite 21 sehe ich Sahra Wagenknecht ganz in Weiß mit einem Blumenstrauß, Herr Niemeyer neigt ihr den Kopf zum Kuß entgegen. Das Brautkleid hat 2 000 DM gekostet, entnehme ich dem Artikel. Ebenso, daß Herr Niemeyer Inhaber einer Filmproduktionsfirma ist und politisch liberal. Viele bunte Fotos legen Zeugnis ab von einer Traumhochzeit in Weimar, wo die beiden ihr festliches Hochzeitsmenü im ersten Haus am Platze, dem Hotel Elephanten, eingenommen haben. Die Hochzeitsreise soll in die Toskana gehen mit einem Abstecher nach Venedig. Ihren Mädchennamen hat die glückliche Braut abgelegt. Nur politisch will Frau Niemeyer weiter als Frau Wagenknecht auftreten.

ALICE & ELLEN KESSLER

Im August 1936 kommen Alice und Ellen Kessler in Nerchau in Sachsen zur Welt. Als sie sechs Jahre alt sind, kauft der Vater jeder ein Akkordeon und meldet sie zum Ballettunterricht an. Schon als Kinder läßt ihr Vater sie auf Betriebs-, Weihnachts- und Nachbarschaftsfesten auftreten. Nach der Volksschule besuchen die beiden Mädchen die Theater-Kunst-Ballett-Schule. Der Vater geht nach dem Krieg allein in den Westen, die Kinder bleiben bei der Mutter. Bereits 1947 werden sie ins Kinderballett der Leipziger Oper aufgenommen, 1950 bestehen sie die Prüfung zur Operntanzschule. Mit 16 Jahren folgen sie einer Einladung ihres Vaters in den Westen. Sie bleiben dort und erhalten schon bald ihr erstes Engagement im Düsseldorfer »Palladium«. 1954 folgen sie dem Ruf nach Paris und treten bis 1960 im »Lido de Paris« auf. Hier erlangen sie Berühmtheit und tanzen in den Jahren nach Paris auf allen großen Show-Bühnen der Welt. Bis heute steht das Markenzeichen »Kessler-Zwillinge« für brillant-perfekte Tanzkunst im Revuestil.

»Och ja – das würde – wir – ich – beide –
gerne – ich auch – NÖ!«

»Die Kessler-Zwillinge treten von der Bühne ab« –
verkündete 1962 eine Tageszeitung, und die Schlag-
zeile »Auf langen Beinen in das Eheglück« verriet
dann auch den Grund. Zwei Jahre später lauteten die
neuesten Nachrichten schon anders: »Von Heirat ist
nicht die Rede – Die Kessler-Zwillinge wollen wei-
tertanzen«. Anfang der siebziger Jahre war es dann
wieder soweit: »Am Scheideweg durch Ellens Heirat« konnte eine Zeitung der aufgeregten Nation mit-
teilen, die sich über Jahrzehnte von der Frage fesseln
ließ, wann endlich eine der beiden oder gar beide
unter die Haube kämen. Wie das Leben so spielt:
Mittlerweile sind die berühmtesten deutschen Zwillinge über sechzig, tanzen immer noch und sind
immer noch nicht verheiratet.

Dabei tragen sie durchaus Züge eines älteren Ehe-
paares, wie sie mit einem kleinen Verweis auf Loriot
selbstironisch zugeben. Beispielsweise reden sie ger-

ne gleichzeitig – mit zum Teil verblüffenden Ergebnissen. Auf meine Frage, ob sie nicht vielleicht gerne einmal alleine, also ohne die Schwester, Theater spielen würden, landet die Antwort, von beiden zeitgleich gesprochen, wie folgt in meinen Ohren: »Och ja – das würde – wir – ich – beide – gerne – ich auch – NÖ!«

Nicht ohne meine Schwester – dieses Lebensmotto spiegelt auch die Architektur ihres Hauses in München-Grünwald wieder. Es ist gewissermaßen ein doppeltes Haus, im Innern ineinander übergehend, wobei die Bereiche der beiden Bewohnerinnen im Bedarfsfall durch eine Tür getrennt werden können. Übrigens durch eine Schiebetür, die nicht geknallt werden kann.

Das Innere wirkt modern und elegant, sehr großzügig, und das große Wohnzimmer bekommt durch die Farbe Weiß etwas sehr Leichtes. Viele Bilder, Photographien aus vergangenen Zeiten und auch Zeichnungen, geben dem Ganzen eine sehr warme, persönliche Note. Beide Bereiche, sowohl der von Alice wie der von Ellen, sind im gleichen Stil eingerichtet. Zentraler Blickfang zwischen den zum Garten ausgerichteten Fenstern, die von hellen, gerafften Gardinen geziert werden, ist ein mit zarten Strichen gemaltes Doppel-Porträt der beiden. Es zeigt ihre beiden Gesichter und – einen Apfel.

In letzter Zeit ist die Schiebetür öfter mal geschlossen. Es wird auch nicht mehr selbstverständlich gemeinsam gekocht. Früher hätten sie ja sogar nur ein gemeinsames Bankkonto gehabt, berichtet Ellen, und dieses »früher« scheint gar nicht mal so lange her zu sein. Sie haben sich darauf geeinigt, ein bißchen mehr für sich selbst zu sein. »Ich will einfach für mich entscheiden!« sagt Alice höflich, aber bestimmt. Die Erstgeborene, die eine halbe Stunde vor Ellen das Licht der Welt erblickte, beschreibt sich selbst als zögerlicher und abwartender als ihre Schwester und beklagt, daß die andere immer alles in die Hand nimmt, bei Freunden, beim Essen, einfach immer. Sie sitzen einträchtig nebeneinander in Sesseln und bemühen sich um freundliche Abgrenzung. Ellen meint, sie habe das größere Selbstbewußtsein, sei überhaupt die Stärkere. Alice möchte das nicht unwidersprochen lassen: »Meiner Schwester könnten sie anbieten, die Tosca zu singen – die macht das! Aber als Stärkere würde ich das nicht bezeichnen. Die Aktivere. Dafür bin ich überlegter.« Ellen ergänzt mit leicht angestrengtem Lächeln: »Sie nervt mich mit ihrer Unentschiedenheit, ich nerve sie mit meinen schnellen Entscheidungen.« Ihr ganzes Leben versuche sie nun schon, die andere zu überrunden. Aber Eifersucht auf ihre Schwester, so hat sie in der Sendung versichert, kenne sie nicht.

Gemeinsam haben sie viele überrundet und sich bis an die Spitze des Showbusineß getanzt. Ihre Tourneen führten das doppelte deutsche Fräulein-Wunder zu den großen Musikbühnen dieser Welt von Paris über Sydney bis Las Vegas und Hongkong. Sie traten mit Frank Sinatra auf, Dean Martin und Danny

Kaye und waren unzählige Male über Jahrzehnte der Höhepunkt eines Fernseh-Samstagabends.

Das Tellerwäschermärchen begann im sächsischen Taucha. Dabei sah es anfangs eher so aus, als würde alles in einer Tragödie enden. Die Kindheit war überschattet von den regelmäßigen Ausfällen ihres jähzornigen, gewalttätigen Vaters, der nicht nur, wenn er getrunken hatte, seine Frau auf das übelste mißhandelte. Das Gefühl ihrer Kindheit war das Gefühl der Angst. Angst um die Mutter, die sich nicht wehren konnte. Alptraumhaft erinnern sich die beiden an das Geräusch der aufgehenden Tür, wenn ihr Vater nachts betrunken nach Hause kam, an die Szenen, die aus dem elterlichen Schlafzimmer drangen, seine Schläge, ihr Schluchzen. Als er drohte, seine Frau umzubringen, beschlossen die kleinen Mädchen, nicht mehr von ihrer Seite zu weichen, denn ihnen krümmte der Vater kein Haar. Er, der ehemalige Maschinenbau-Ingenieur, der während des Krieges Flugzeugmotoren von Kampfmaschinen testete und in der Nachkriegszeit vor allem Schwarzmarktgeschäfte betrieb, platzte vor Stolz auf seine zwei damals noch spindeldürren Mädchen. Er hatte ihnen das Akkordeonspielen beigebracht und ließ sie zur allgemeinen Belustigung in seiner Stammkneipe singen und tanzen. Auch an Straßenbahnhaltestellen ließ er sie antreten, damit sie kleine Zirkusnummern vorführten, Überschläge etwa oder Handstand. Gehaßt hätten sie diese Hundedressur, aber nicht den Mut gehabt, sich zu widersetzen. Die Antwort auf meine Frage, ob sie sich ausgemalt hätten, einfach abzuhauen, kommt wie aus der Pistole geschossen. Von Ellen »Ja!«, von Alice »Nein!«. Eines vor allem lernten sie schon als Kinder: zusammenzuhalten in dem Bewußtsein, zu zweit stärker zu sein.

Zu dem familiären Unglück gehört auch der Tod der beiden älteren Brüder. Der zwölfjährige Rolf starb 1942 an einer infektiösen Gelbsucht und Gerhard, der als Sechzehnjähriger noch an die Front mußte und todkrank und ausgemergelt wieder nach Hause kam, kurz darauf an Typhus. Den verzweifelten Kinderschwur der Zwillinge, dafür zu sorgen, daß es die Mutter später einmal besser hat, haben sie gehalten.

Trotz alledem folgten sie erst einmal dem Ruf des Vaters nach Düsseldorf, wohin er sich als »Republikflüchtling« abgesetzt hatte. Danach standen die drei Verlassenen unter staatlicher Beobachtung. Obwohl Alice Klassenbeste war und von einem Medizinstudium träumte, machte man ihr klar, daß sie keine Aussichten auf einen Studienplatz hatte. Vor den Schlägen des Ehemanns war die Mutter sicher, aber das Leben blieb hart, und als Näherin verdiente sie auch nicht gerade gut. Die Zwillinge, die inzwischen die kostenlose Leipziger Ballettschule besuchten, waren neugierig auf das, was ihr Vater von der angeblich ganz anderen Welt erzählt hatte. Das Visum der gerade mal Fünfzehnjährigen galt nur für zwanzig Tage, eine Zeit, in der den beiden vor lauter Überraschung ob des Warenangebots Augen und Münder offen stehen blieben. Den Düsseldorfern wahrscheinlich auch, nicht nur wegen der seltsamen Filzhüte der großgewachsenen jungen Damen aus der sogenannten »Ostzone«, sondern auch wegen ihres starken sächsischen Akzents, wenn sie immer wieder in ungläubiges, lautes Staunen verfielen. Dem Vater war das außerordentlich peinlich, und in solchen Situationen trat er oft einige Schritte beiseite, so, als würde er die beiden nicht kennen.

Als das Visum ablief, setzte er sie unter massiven Druck zu bleiben. »Drüben« – da warteten die Mutter, die Ballettschule, der kleine Kater. Sie blieben, in der sicheren Gewißheit, ihre Mutter nachkommen zu lassen. Immerhin hatten sie kurz darauf nach dem Vortanzen im damals weit über die Stadtgrenzen bekannten Varietétheater »Palladium« zu ihrem eigenen Erstaunen das erste Engagement in der Tasche. Auf die Frage, was die beiden vor anderen, die leer ausgingen, auszeichnete, vermuten sie, daß sie eine nicht zu überbietende Qualifikation aufzuweisen hatten: Sie waren Zwillinge, sie fielen auf.

Der zweite Sadist, den sie in ihrem Leben kennenlernen mußten, war ausgerechnet der Choreograph des »Palladiums«. Er machte die zwei regelmäßig wegen ihres Sächsisch runter und zog ihnen knallhart Geld von der ohnehin geringen Gage ab, wenn er ein sächsisches Wort hörte. In ihrer Verzweiflung beschlossen die beiden, im Theater kein Wort mehr zu reden, sondern sich nur noch in Zeichensprache zu verständigen. Selbst in der Straßenbahn schwiegen sie eisern, so sehr schämten sie sich. Der erste Film, in dem die beiden dann 1955 mitwirkten, mußte nachsynchronisiert werden, zu stark war immer noch die sächsische Sprachfärbung. Mühsam haben sie sich durch eine Sprachlehrerin ihren Akzent abschleifen lassen, lange Zeit und immer wieder mit Korken im Mund versucht, hochdeutsch zu artikulieren. Die Übungssätze können die beiden heute noch mühelos wiederholen, und sie lachen dabei laut, vielleicht vor Erleichterung, dieses Stigma irgendwann endgültig besiegt zu haben.

18 Monate tanzten sie im »Palladium« gegen ein geringes Honorar, hatten in der Zeit ganze zwei Tage frei, wurden darauf gedrillt, vor den Augen der unterhaltungssüchtigen Nachkriegs-Zuschauer synchron zu tanzen. »Wir machten, was uns einstudiert worden war.« Drill kannten sie ja aus Kindertagen, muckten nicht auf und erhielten prompt die ersten guten Kritiken. Vor allem aber wurden zwei Vertreter des berühmten Pariser »Lido« auf sie aufmerksam. Es war der Beginn einer Weltkarriere. In die Düsseldorfer Zeit fiel auch die erste große, kleine Liebe, und wieder war es Alice, die mit einem knappen Zeitvorsprung vorn lag. Sie hatte sich in einen ägyptischen Artisten verliebt, der mit seiner Truppe in eben jenem »Palladium« gastierte. Ellen, sehr nervös über die eine schwesterliche Lebenserfahrung mehr, fiel es als attraktive, langbeinige Blondine nicht schwer,

mit ihrer Schwester gleichzuziehen. Für ihre Ent-
jungferung hatte sie einen Ägypter derselben Truppe ausgeguckt. Nachdem das Engagement der Gruppe aus dem Morgenland abgelaufen war, hatte
sich das Thema erste Liebe bei beiden erledigt. Ihr
Männerbild sei sicher vom Vater geprägt worden, dar-
in sind sich beide einig. Wenn ein Mann besonders
dominant auftrat, war er bei der einen wie bei der
anderen schon unten durch. Bloß nicht noch einmal
einen solchen Tyrannen, bloß nicht einen, der laut
wurde oder viel trank. Es seien eher die weicheren,
manchmal femininen Typen gewesen, von denen sie
beide angezogen waren. Auch auf die Gefahr, daß der
Angeflirtete schwul war – nicht gerade einmalig im
Liebesleben der Kessler-Zwillinge.

Mittlerweile redet die eine wie die andere abgeklärt-
ironisch über vieles. Zum Beispiel Ellen über eine
verunglückte Liebesnacht mit Burt Lancaster, der die
beiden zu einer angeblichen Party in seine Pariser
Hotel-Suite eingeladen hatte. Während sein Produ-
zent sich mit Alice unterhielt, um sie zu beschäftigen,
entführte der Leinwandhüne Lancaster die ver-
schüchterte neunzehnjährige »Lido«-Tänzerin Ellen
in sein Schlafgemach. Über das, was dann passiert ist,
liegen zwei Aussagen vor. Lancaster soll, nachdem
sein Funke so gar nicht übersprang, gesagt haben, er
habe nie zuvor mit einer Statue geschlafen. Ellen
erinnert sich achselzuckend: »Man hat es über sich
ergehen lassen.« Sie sei halt so unsicher gewesen, so

voller Komplexe. Und irgendwie wirkt sie, der international gefeierte Star, heute noch unsicher, wenn sie meint, beschwichtigend erklären zu müssen: »Es war doch meine Schuld!«

Es ist schwierig, mit Alice oder Ellen darüber zu sprechen, wie sie in bestimmten Situationen empfunden haben. Sie schildern Umstände oder den Fortgang der Geschichte, nicht aber persönliche Gefühle. Selbst wenn sie über ihren verhaßten Vater reden oder ihre geliebte Mutter, wirken sie ein wenig distanziert, rühren dezent in ihrem Tee, um dann freundlich und durchaus zugewandt fortzufahren in der Geschichte ihres Lebens. Ihre Mutter kam ihnen damals nachgereist, zunächst nach Düsseldorf, dann nach Paris. Während ihre Töchter auf der Bühne umjubelt wurden, wartete sie in der winzigen Garderobe, egal um welche Uhrzeit, egal wie lang. Sie wartete einfach, und die beiden tanzten in dem Bewußtsein, daß sie da war. Später haben sie ihr in München eine sehr schöne Wohnung gekauft, in der sie bis zu ihrem Tod 1977 lebte.

Zum Bruch mit dem Vater kam es am letzten Tag des Jahres 1957 in Paris. Er hatte sie dort besucht, aber feststellen müssen, daß sie sich ihm längst entfremdet hatten. Am Silvesterabend hatte er sich betrunken und sie mit Vorwürfen und Beschimpfungen überhäuft. Die beiden haben ihm wohl zum erstenmal im Leben ihre Verachtung gezeigt und ihm schonungslos ins Gesicht geschrien, was sie immer schon von ihm hielten. Zum ersten und letzten Mal richtete sich sein zügelloser Jähzorn gegen die Töchter. In ihrer Autobiographie steht der lapidare Satz: »Vater hat uns so verdroschen, daß wir gegen die Möbel flogen.« Die Tanz-Stars des Pariser »Lido« brauchten am nächsten Tag kiloweise Schminke, um die blauen Flecken am Körper und im Gesicht zu verdecken.

Abend für Abend wurden die mittlerweile legendären Kessler-Zwillinge auf der Bühne angeschmachtet. Als Jackpot soll gegolten haben, wer beide gleichzeitig ins Bett bekam. Eine Vorstellung, bei der es den beiden damals wie heute gruselt. So sehr sie das neue Leben in Paris genossen, so sehr sie fasziniert waren von den reichen, oft berühmten Zuschauern, es war ihre Disziplin, die sie alles durchhalten ließ. Die zwei Shows pro Tag, das Training, die völlig neue Welt. »Ballett ist Drill! Von Anfang bis Ende Drill!« Paris, das sei die Zeit ihres Erwachsen-Werdens gewesen. Auch daß sie in den fünfziger Jahren massive antideutsche Ressentiments von Kollegen und Kolleginnen zu spüren bekamen, haben sie geschluckt. »Wir haben einen eisernen Vorhang um uns gebildet«, erinnert sich Ellen. »Wir waren immer defensiv, wir sind immer gut zurechtgekommen.«

Wenn wirkliche Gefühle im Spiel waren, wurde es schwierig. Alle Männer hatten es schwer, die Zwillingsphalanx zu durchbrechen. Welcher Partner auch immer wurde mit Argusaugen beobachtet, und meist sah die mögliche »Schwägerin in spe« nur die negativen Seiten. Das habe vielleicht doch mit der Angst zu tun, jemanden zu verlieren, und beide bemühen die Zwillingsforschung, die attestiert, daß Zwillinge es nie akzeptieren können, wenn ein Teil »wegdriftet«. Der Partner der Schwester sei nie, in keinem Fall, ein Freund der anderen geworden. Waren sie aber zu dritt, hätte sich beinahe automatisch eine Schwesternfront gegen den Mann gebildet. Um diesem »Gefühlsdesaster« zu entgehen, kaufte sich Ellen eine Wohnung in Rom, Alice ein Appartement in Kitzbühel. Und dann spricht Ellen von ihrer schwersten Trennung. Zwanzig Jahre war sie mit dem blendend aussehenden italienischen Schauspieler Umberto Orsini zusammen. Unzählige Male war in Zeitungen von der bevorstehenden Hochzeit zu lesen. Nach dem Bruch, als sie erkennen mußte, daß er sie ständig betrog und anlog, sei sie fix und fertig gewesen. Aber ihrer Schwester hätte sie nie ihr Herz ausschütten können. Es sei schier unmöglich gewesen, darüber zu sprechen.

Die beiden sitzen mir gegenüber und blicken sich nicht an. Alice wirft ein, irgendwie habe ihre Schwester ihr das Gefühl gegeben, sie sei an allem schuld. Aber dieses Gefühl ansprechen? »Ich konnte nicht. Sie war ja nur aggressiv mir gegenüber.« Natürlich, sie kennen sich in- und auswendig, brauchen nur in das Gesicht der anderen zu sehen, dann wüßten sie schon, wie es um sie steht. Aber das sei etwas anderes als ein Gespräch.

Damals war das auch nicht möglich, im Dezember 1958, als Alice nach eigenen Worten fast gestorben wäre. Auch wenn die legendäre Herrscherin des Pariser »Lido«, Miß Bluebell, mit eisernem Besen fegte, konnte sie die eine oder andere Liaison nicht verhindern. Alice, gerade 22 Jahre alt, wurde schwanger. In ihrem gemeinsamen Buch schreibt sie über die Abtreibung ohne Narkose, darüber, wie sie mit ständigen Blutungen und 40 Grad Fieber Abend für Abend auf der Bühne des »Lido« tanzte. Ausfälle waren nicht vorgesehen, Gesundheit hin, Gesundheit her. Und auch das Mitgefühl ihrer Schwester hielt sich in Grenzen, das Wichtigste waren immer die Bühne und die Disziplin.

Ihre Großmutter väterlicherseits aus Dessau sei auch ein Zwilling gewesen. Sie hätten sie als zwei alte Damen in Erinnerung behalten, die immer nur stritten. Als die erste starb, folgte ihr die andere innerhalb eines Jahres. Nein, an den Tod der anderen zu denken, das sei ganz furchtbar, geradezu unvorstellbar. Der Titel ihrer gemeinsamen Biographie, die sie zu ihrem 60. bzw. 120. Geburtstag vorlegten, lautet sinnigerweise »Eins und eins ist eins«. Sie beide hätten für ein simples »Wir« plädiert, sich dann aber davon überzeugen lassen, daß der andere Titel fürs Publikum besser sei. Das habe nun einmal bestimmte Erwartungen an die Show-Zwillinge. Eins und eins ist eins. »Wir stecken halt in einer Zwangsjacke.«

Es ist lange her, daß sie in einem Interview erklärten: »Wir wollen nicht noch mit fünfzig mit Netz-strümpfen und Grauhaar herumflattern.« Die Kess-ler-Zwillinge, blond wie eh und je und schön dazu, treten immer noch auf, vor allem im italienischen Fernsehen. Den einen Traum, einmal alleine, ohne die andere auf der Bühne zu stehen, möchten sich beide doch noch erfüllen. »Es wäre doch ideal, wenn jede von uns die Rolle spielt – abwechselnd alle zwei Wochen.« Wer sagte das noch, Alice oder Ellen?

BEATE WEDEKIND

Beate Wedekind wird 1951 in Duisburg geboren. Nach der mittleren Reife Beginn einer Banklehre. Anschließend Stewardeß bei »Condor« und Kontakterin einer Werbeagentur. 1975 geht sie für zwei Jahre als Entwicklungshelferin nach Äthiopien. Danach Sekretärin und Übersetzerin an der FU Berlin. Von 1979 bis 1981 Volontariat bei der Berliner Zeitung »Der Abend«. Bis 1982 Lokalredakteurin bei der »Bild«-Zeitung Berlin, danach »Burda«-Verlag, Redaktion »Die Bunte« in Offenburg. 1985 überträgt man ihr die Gesamtorganisation der »Bambi«-Verleihung, 1988 wird sie Chefredakteurin der deutschen »Elle« und 1990 zusätzlich der »Elle Décoration«. Ein Jahr später folgt die Übernahme der Chefredaktion des Magazins »Ambiente«, 1992 bis 1993 Chefredakteurin der »Bunten«. Danach Wechsel zu »Gruner+Jahr«, für die sie die neue Hochglanzzeitschrift »Gala« betreuen soll. Kurz vor dem Start wird der Vertrag aufgelöst. Neben ihrer Verlagskarriere moderiert sie u. a. die Talk-Show »Zeil um Zehn« (bis '91) und die monatliche Talk-Show »Rendezvous«, die im Mitteldeutschen Rundfunk ausgestrahlt wurde. Heute lebt Beate Wedekind auf Ibiza.

Beate Wedekind.

»*Um jeden Preis*«

Ich bin mir nicht ganz sicher, wer bei dem Weg mehr wegstecken muß, das kleine Auto oder ich. Irgendwie fühle ich mich wie in einer Nußschale auf hoher, sehr bewegter See. Der weiße Panda schaukelt sich ächzend und jaulend eine unwegsame Piste hinauf, durch tiefe ausgewaschene Löcher und über ausgefahrene Reifenspuren. Nach schier endlosen vierhundert Metern sind wir endlich am Ziel. Das Haus heißt Can Pep des Pou und liegt in einem einsamen Tal im Norden der Insel bei dem kleinen Dorf Sant Mateo. Das rechteckige Haus ist wie fast alle ibizenkischen Häuser weiß gekalkt und mit einem Flachdach versehen. Um die zweihundert Jahre steht es schon, und früher war ein Schäfer der einsame Bewohner. Nachdem der Motor abgestellt ist, hört man schier gar nichts mehr. Schwatzhaft ist die Welt woanders, nicht einmal Vogelgezwitscher oder Blätterrauschen dringt durch die Luft.

Beate Wedekind blickt mit einem selbstbewußten

Lächeln über ihr 36 000 Quadratmeter großes Grundstück. »Früher wäre mir diese Stille suspekt gewesen!« Früher, da war alles hektisch und laut im Leben der erfolgreichsten deutschen Journalistin.

Ihre Aussagen in den Interviews vergangener Jahre lesen sich so, wie sich die Aussagen überaus erfolgreicher Menschen oft lesen. Mit ihrem Beruf sei sie verheiratet, ihr Lieblingsspielzeug sei das Power-Book von Apple, und in der knapp bemessenen Freizeit lese sie am liebsten junge amerikanische Autoren. Im Februar 1992 war ein Raunen durch die deutsche Presse gegangen. Beate Wedekind war zur neuen Chefredakteurin der »Bunten« berufen worden und an die Spitze einer auflagenstarken Illustrierten gelangt. Auch wenn das in früheren Zeiten so rentable Flaggschiff des Verlagshauses Burda längst sinkende Auflagenzahlen einfuhr, strotzte die neue Chefin öffentlich vor Selbstbewußtsein. Sie traute sich zu, neben dieser großen Aufgabe auch noch vier andere Zeitschriften desselben Verlages gewissermaßen nebenbei zu leiten, unter anderem das Modejournal »Elle«, bei dem sie sich als Chefin bereits profiliert hatte. Noch wehte der Wind nicht eisig, noch konnte sie sich einbilden, daß ihr Höhenflug sie wer weiß wohin bringen würde, und der »Süddeutschen Zeitung« vertraute sie an: »Ich muß mich überschätzen, sonst würde ich es nicht schaffen.«

Rund um ihr Haus Can Pep des Pou sorgt kein

Stromnetz für Energie, aber auf dem Dach speichern Solarzellen das, was die Sonne über Ibiza reichlich verströmt. Sie braucht eine Menge davon, denn immerhin müssen Telefon, Fax, Computer und Satellitenfernseher davon betrieben werden, all diese Fenster zur Welt. Wenn es länger nicht regnet und die beiden Zisternen leer sind, kauft sie auch schon mal einen Lastwagen voll Wasser. Die Gartenarbeit macht ihr Spaß, die alten Olivenbäume fordern ihren ganzen Ehrgeiz heraus, waren sie doch jahrelang vernachlässigt worden und mußten erst einmal wieder sorgfältig gestutzt werden.

Als Beate Wedekind mich heute mittag am Hotel in Ibiza-Stadt abholte, war ich nicht gerade entspannt. Eine Erkältung steckte mir in den Knochen. Kein Wunder bei dem Wetter zu Hause. Im Naßkalten bin ich mitten im Juni vom Köln-Bonner Flughafen abgeflogen, ziemlich erschöpft von der arbeitsreichen Woche. Vor mir ein langes Treffen mit einer Frau, die aus der steilen Karriere ausgestiegen ist, ausgestiegen wurde. Das konnte ja heiter werden bei meinem ansteigenden Fieber! Strahlend kam sie auf mich zu, die Begrüßung fiel geradezu herzlich aus, auch wenn wir uns erst einmal im Leben vorher gesehen haben. Beate Wedekind war ausgesprochen guter Laune und sah glänzend aus. Eine überaus gesunde Gesichtsfarbe, die Sonnenbrille lässig über den Haaransatz geschoben. Ihre dunkelblonden Haare waren vom Wind ein wenig zerzaust, der weiße Baumwollpull-

over schlotterte weit um sie herum, und die beige-
farbenen Jeans ließen hinten deutlich einige Löcher
erkennen. Urlaubsinsel Ibiza! Fluchtpunkt für Son-
nenhungrige und Aussteiger!

Auf ihren Vorschlag hin fuhren wir direkt ans Meer
zur Cala Jondal. In dieser kleinen, durch hohe Fels-
klippen geschützten Bucht sei der Fisch in einem
Strandlokal besonders gut. Auf spanisch begrüßt
Beate Wedekind Maria, die etwa zwanzigjährige
Tochter des Besitzerehepaares. Um die Sonnenliegen
muß um diese Zeit noch nicht gekämpft werden, die
Hochsaison wird erst in ein paar Wochen anbrechen,
und bis dahin kann man sich hier entspannt ausbrei-
ten. Auf dem Weg hierher hat sie mir den Grund für
ihre geradezu ausgelassene Stimmung verraten.
Gestern hat sie erfahren, daß sie die nächste Verleihung der »Goldenen Kamera« organisieren soll. Ein
Großereignis der deutschen Fernsehwelt, ein Spek-
takel, bei dem sich die Hauptdarsteller der Medien
ein Stelldichein geben, ein Abend, an dem nur
Gewinner in die Kameras strahlen. Kurz, ein Ereignis für Mitmacher und nicht etwa für Aussteiger. Ein
gigantisches Angebot für jemanden, dem eine Insel
zum Arbeitsexil geworden war. 1985 hatte ihr das
Haus Burda zum erstenmal die Gesamtorganisation
der jährlichen »Bambi«-Verleihung übertragen, und
das war damals einer der ersten Höhepunkte in der
kometenhaften Karriere der Beate Wedekind.

Während wir es uns auf den Sonnenliegen bequem gemacht haben, frage ich mich, was mir in ihrem Gesicht dominanter erscheint: die sympathischen Lachfalten um die Augen oder die scharf gezogenen Magenfalten, die ihrem gut geschnittenen Gesicht eine gewisse Härte verleihen. Nur ein Jahr lang hatte sie sich auf dem Gipfel des Erfolgs gehalten, dann wurde sie Anfang Mai 1993 von der Verantwortung der »Bunte«-Chefredaktion wieder entbunden. Ihr Nachfolger wurde derjenige, der schon ihr Vorgänger war, Franz Josef Wagner. Damit war die alte Männerordnung erst mal wiederhergestellt.

Daß das alles nicht gutgehen würde, war zumindest ihrem Körper früh klar. Der rebellierte mit Herzrhythmusstörungen und einer massiven Schilddrüsenüberfunktion gegen den täglichen Sechzehn-Stunden-Wahn einer Erfolgsbesessenen. Dabei spürte sie längst vor der demütigenden Absetzung, daß sie in einer Falle saß. Regelmäßig wurde sie morgens mit der immergleichen Frage wach: Wie nur schaffe ich diesen Tag?

Der Lebensweg der Beate Wedekind verlief ziemlich kurvig, bis er die Richtung steil nach oben nahm. Nachdem sie gegen ihren eigenen Willen nach der mittleren Reife von der Schule mußte, machte sie gemäß dem Wunsch der Eltern eine Banklehre. Vier Jahre blieb sie dort. Als ihr Vater plötzlich starb, hat sie bei der Bank sofort gekündigt. Den Weg aus Duisburg heraus in die weite Welt nahm sie als Stewardeß. Danach jobbte sie in der Werbung, um wenig später als Entwicklungshelferin nach Äthiopien zu gehen. In Berlin, wo sie bereits als Übersetzerin gearbeitet hatte, volontierte sie mit immerhin schon 29 Jahren beim Boulevard-Blatt »Der Abend« und wurde Lokalredakteurin bei der »Bild«. Von dort ging es in die »Bunte«-Redaktion, wo sie sich von der Redakteurstelle im Ressort Unterhaltung blitzschnell in die Geschäftsführung hocharbeitete. 1988 wurde sie zur Chefredakteurin der deutschen Ausgabe des französischen Frauenmagazins »Elle« berufen, übernahm zwei Jahre später zusätzlich die Leitung von »Elle Décoration« und auch noch von »Ambiente«. Im Februar 1992 erhielt die dreifach erfolgreiche Chefredakteurin des Hauses Burda den Ritterschlag und wurde Nachfolgerin von Franz Josef Wagner als Chefredakteurin der »Bunten« und war damit die erste Frau an der Spitze einer deutschen Illustrierten mit Millionen-Leserschaft.

Geradezu berauscht sei sie gewesen vom eigenen Erfolg. Süchtig nach immer mehr Anerkennung. Sie war auf der Überholspur und fuhr Vollgas. Ihre blühende Phantasie versagte nur in einem Punkt: sich die eigenen Grenzen vorstellen zu können. Mehr noch, sich vorstellen zu können, überhaupt Grenzen zu haben. Es seien wahre Glückszustände gewesen, die ihr der Erfolg bescherte.

Nur knapp ein Jahr konnte sie sich in der Position der Chefredakteurin halten, obwohl ihr Erfolg durchaus zählbar war. Das Anzeigenvolumen der Illustrierten, die längst nicht mehr Gewinne abwarf wie in früheren Zeiten, stieg wieder um über 30 Prozent, das Ergebnis steigerte sie im zweistelligen Millionenbereich. Anzeigenkunden wie Leser der »Bunten« waren von der Marschroute des Vorgängers Franz Josef Wagner eher verschreckt gewesen. Der hatte dem Blatt grelle Sensationsheischerei und schiere Schadenfreude verordnet. Beate Wedekind wollte den entgegengesetzten Weg gehen und der Illustrierten ein ruhigeres Erscheinungsbild geben. Aber die Leserschaft spielte bei der Imagekorrektur nicht mit. Die Auflage sackte vom ersten Quartal 1992 bis zum ersten des Folgejahres um 87 000 Exemplare auf 830 000. Was nutzt es ihr heute zu wissen, daß die »Bunte« mittlerweile nur noch rund 650 000 Käufer hat! Daß der Wind oben kalt weht, wußte Beate Wedekind. Daß er ganz oben eisig werden würde, hatte sie unterschätzt. Daß sie dort als Frau mit ganz besonderen Bedingungen zu rechnen hatte, auch.

In nicht gerade besonders wohlwollenden Kommentaren hatte sie lesen können, aus der »Bunten« würde sie jetzt wohl die größte deutsche Frauenzeitschrift machen. Auch das Verhalten des einen oder anderen Kollegen dem weiblichen Chef gegenüber hatte sie anfangs nur leicht irritiert. Schließlich zickt eine souveräne Frau nicht, wenn sublime sexuelle Anspielungen gemacht werden. Die Phalanx der erfolgreichen Männer im Verlagshaus Burda wartete erst mal ab, wartete vor allem auf Fehler. Keine Chance habe sie gehabt, und auch die angenehme Brise, das rauschende Meer und die köstliche Dorade verhindern nicht, daß ihre Lippen schmal werden. »Ich habe mich eingelassen auf eine Nummer, die genau eine zu groß war.« Beate Wedekind scheint sich heute noch darüber zu wundern, daß sie plötzlich viele Männer gegen sich hatte. Aber sie räumt rückblickend auch mit verblüffender Offenheit ihren größten Fehler ein. Den, sich überschätzt zu haben. So weit oben habe sie keine Unterstützung mehr gespürt, wirklich null. Und sie selbst habe von wirklicher Menschenführung keine Ahnung gehabt und sich aus lauter Unsicherheit hinter einer Maske aus Härte und Arroganz verschanzt. Für die rund 100köpfige Redaktion wurde sie zur Chefin auf Abstand. Knallharte Karrierefrau, der man mit menschlichen Regungen am besten nicht zu nahe kommt.

Dabei hatten gerade menschliche Aspekte ihr Arbeitsleben bestimmt. Der Verleger Hubert Burda war ihr Förderer, dem sie sich freundschaftlich verbunden fühlte. Sie stellte keine besonderen Bedingungen, sondern war – ganz Frau – dankbar. In ihrem Chefzimmer stand ein gerahmtes Photo der Verlagschefin Aenne Burda. Für die Erfolgsfrau, die die »Frankfurter Allgemeine« ein »Wunder an Willensstärke und mit einem beispiellosen Machtinstinkt begabt« genannt hatte, war diese persönliche Bindung an die Verlegerfamilie Ansporn und Motivation. Nach ihrem abrupten Karrierestop war niemand aus der Familie für Beate zu sprechen.

Anfang Mai 1993 wurde sie von der Verantwortung als »Bunte«-Chefin entbunden. Mit dem Mut der Verzweiflung stürzte sie sich in eine neue Aufgabe, vielleicht, weil sie sich nicht eingestehen konnte, gescheitert zu sein. Die Hochglanzillustrierte »Gala«, mit vielen Berichten aus der Welt der Reichen und Schönen, sollte im Auftrag des Verlages »Gruner + Jahr« herausgebracht werden. Ein journalistisches Himmelfahrtskommando für eine, die völlig ausgebrannt war und der die schmähliche Niederlage bei der »Bunten« noch in den Knochen steckte. Sie ackerte mit all ihren Kräften und schaffte das nicht, was für sie in der Situation nicht zu schaffen war. Danach war sie reif für die Insel. An ihre weiße Hauswand sind mit hellblauer Farbe die Vornamen von Freunden gepinselt, und ich frage mich, ob sie diese Zeichen in einer einsamen oder in einer übermütigen Stunde gemalt hat. Es sind ganz einfach diejenigen, erklärt sie, die sie oft gerne hier hätte. Unterhalb der Terrasse steht nicht weit entfernt unter einem alten Feigenbaum ein halb verrottetes Trimmgerät. Beate Wedekind lacht bei der Erinnerung daran, daß sie selbst in den Zeiten zunehmend beängstigender Herzrhythmusstörungen Morgen für Morgen in aller Herrgottsfrühe aufstand, um sich von ihrem Tennistrainer für den Tag stählen zu lassen. Für alle Fälle stand in ihrer weitläufigen Münchner Wohnung auch noch ein Trampolin bereit. Früher ist so lang nicht her, und während sie davon erzählt, wird mir bewußt, daß sich ihre Stimme verändert hat. Wer früher mit ihr telefonierte, sah sich nicht selten knapp und zuweilen durchaus scharf abgefertigt. Die Insel hat ihre Stimme weicher gemacht.

Mit dem Wort »Aussteigerin« kann sie herzlich wenig anfangen. Es war klar, daß sie sich nach ihrem Mißerfolg erst mal hierher zurückziehen würde, in dieses Haus, das sie sich als Ruhepunkt ausgesucht hatte. Aber zu Hause? Nein, zu Hause fühle sie sich nirgendwo, ihr Zuhause sei immer die Aktivität gewesen, egal wo. Als sie nach ihrem Karriereknick ihre Münchner Wohnung gekündigt hatte und hier ankam, um Abstand zu gewinnen, war ihr trotz alledem klar, daß dies eine Zwischenstation sei. Einmal besuchte sie ein kleines Café und las Zeitung. Plötzlich fiel ihr auf, daß nur Frauen um sie herum saßen, auf die der Begriff »Aussteigerinnen« offensichtlich paßte. Beate Wedekind hat vor Schreck sofort bezahlt und ist ein halbes Jahr nicht mehr hingegangen.

In ihrem Schlafzimmer steht neben der Photographie ihres Vaters eine ihres Freundes. Sie erzählt offen und ein wenig stolz über ihn. Er ist sehr viel jünger, kaum über dreißig, Künstler, und stammt, so Beate Wedekind, aus einer anderen Welt. Halb Südamerikaner, halb Europäer, hat er einen Wohnsitz in Berlin, einen in New York. In der Küche in diesem einfachen ibizenkischen Haus war mir schon eine Einkaufstüte von Dean & Deluka aufgefallen, dem berühmten New Yorker Feinkostgeschäft. Beate Wedekind ist sich sicher, daß diese Beziehung hält. Lebenslang. Zumindest als Freundschaft. Früher spielten Beziehungen eine mehr untergeordnete Rolle, es waren eher Liebschaften. Eine ging zwar über Jahre, aber sie hat vor lauter Arbeit einfach nicht recht mitbekommen, daß er in der gemeinsamen Zeit zweimal geheiratet hat. Vom zweiten Mal las sie in der Zeitung. Früher spielten Fragen nach der Vereinbarkeit von Karriere und Familie für eine Frau einfach keine Rolle, mittlerweile fragt sie sich schon, ob der Lebensweg so richtig war. Jetzt erst denkt sie über ein Kind nach. Sie kann und will endlich über Gefühle sprechen. Neulich hat sie ihrem Freund ihre Heimatstadt Duisburg gezeigt. Die beiden saßen in einem Mercedes mit abgedunkelten Fenstern und fuhren zu ihrem Elternhaus. Ausgestiegen sind sie nicht. Die Mutter lebt ja eh in einem Altenstift.

Sie hat sich zurechtgefunden in ihrem neuen, so viel ruhigeren Leben. Und doch sitzt der Stachel noch tief. Dieses Gefühl, ausgebremst worden zu sein, wo sie doch auf dem richtigen Weg war. Die Machtspiele der Männer nicht durchschaut zu haben, durch die sie sich heute noch gedemütigt fühlt. Heute wäre sie schlauer und würde sich durch die Klippen der Feinde schlängeln. Zur Zeit schreibt sie an ihrem ersten Buch, eine Art Gesellschaftsroman. »Um jeden Preis« heißt er und hat viel mit ihrer eigenen Geschichte zu tun. Ich frage zögerlich nach der Erkennbarkeit der einzelnen Personen, unter ihnen Mächtige des deutschen Journalismus, möglicherweise auch der Politik. Wird wohl so sein, lacht sie selbstbewußt aus sich heraus. Angst hat sie ja noch nie zugelassen, und das ist derzeit das einzige, was im Leben der Beate Wedekind genauso geblieben ist.

Charlotte von Mahlsdorf

Charlotte von Mahlsdorf wird 1928 als Lothar Berfelde in Berlin geboren. Schon als Kind fühlt sie sich als »Mädchen in einem Jungenkörper«. Um Lothar, der schon in seiner Jugend anfing, alte Möbel zu sammeln, vor den Nazis zu schützen, schickt ein Großonkel ihn auf eine Privatschule. Der Vater, ein gewalttätiger Nazi, will aus dem weichen Jungen einen Soldaten machen. 1944 kommt es zur Eskalation: In der Nacht erschlägt er seinen schlafenden Vater mit einem Rührholz. Lothar Berfelde kommt ins Jugendgefängnis, doch dank der Kriegswirren wird er entlassen. Nach Kriegsende findet sie für ihre alten Möbel das Schloß Friedrichsfelde, das sie nach hartnäckigem Tauziehen mit den SED-Bürokraten erneuert. Ende der 50er Jahre stellt sie ein altes Gutshaus in Mahlsdorf wieder her und macht daraus ein Gründerzeitmuseum.

Die Lebensgeschichte der Charlotte von Mahlsdorf führt durch zwei Diktaturen und gibt Einblick in die Homosexuellenszene der DDR und auch der Gegenwart. 1991 stürmen Skinheads ihr Frühlingsfest. Zu sehr erinnert sie dieser Überfall an die Pogrome, die sie als Kind erlebt hatte. Zudem fehlt ihr die behördliche Anerkennung und finanzielle Unterstützung ihrer Museumsarbeit. Charlotte von Mahlsdorf entschließt sich, nach Schweden auszuwandern.

1992 wird sie als »Mensch mit nicht immer ungefährlicher Zivilcourage« mit dem Bundesverdienstkreuz ausgezeichnet. Ihre Autobiographie »Ich bin meine eigene Frau« ist von Rosa von Praunheim verfilmt worden.

Charlotte

»Ich habe ja die Möbelchen um mich«

Okay, denke ich mir, die Welt kann hier noch gar nicht zu Ende sein, irgendwo muß es noch ein Dorf namens Porla geben. Es ist heiß an diesem Samstag nachmittag im Juli, und ich blicke einigermaßen ratlos um mich. Auch intimen Schweden-Kennern dürfte der Flughafen von Örebro unbekannt sein. Er liegt mitten in der Provinz, etwa 250 km südwestlich von Stockholm, hat ein Kofferband, zwei Klos und ein Telefon, mit dem man ein Taxi rufen kann, was dann nach einem guten Viertelstündchen vorfährt und mich zum Bahnhof von Örebro bringt, von dem aus ich nach Laxo gelangen will. Der Bahnhof wirkt wie ausgestorben, die Schalter sind geschlossen, auf dem Fahrplan stehen viele Ortsnamen. Laxo ist nicht dabei. Immerhin nähert sich nach einem Weilchen ein Zug, dessen Schaffnerin mich in fließendem Englisch darüber aufklärt, hiermit käme ich schon mal ein Stück des Wegs weiter, nach Halsberg, von wo aus es allerhöchstens ein Taxi gebe – wenn ich am Samstag nachmittag eins auftreiben könnte. Der Taxifahrer weiß, wo Laxo liegt. Den Namen des Dorfes Porla aber, das sich Charlotte von Mahlsdorf als neuen Standort für ihr Gründerzeitmuseum ausgesucht hat, hat er noch nie gehört. Ich erzähle von ihr, daß sie, geboren als Lothar Berfelde, ihr Leben als Frau lebt und jetzt nach Schweden gegangen ist. Ah ja, er hat sie dieser Tage im Fernsehen gesehen, interessant, irgendwann will er auch mal gucken kommen in diesem Porla. Viel zu gucken haben wir in dieser Gegend ja wirklich nicht, lacht er.

Nach einer stundenlangen Himmelfahrt durch schwedisches Grün bin ich endlich da. In Porla. Vier, fünf Holzhäuser, alle freundlich weiß gestrichen, geben dem Dorfplatz dank ihrer Stattlichkeit ein fast herrschaftliches Aussehen. Die Rasenflächen sind frisch gemäht, die Mitte des Dorfplatzes ziert ein Pavillon mit dem Brunnen, aus dem das berühmte Porlabrunn-Wasser kommt. Immerhin war Porla einmal ein bekannter Kurort, hatte einen eigenen Bahnhof, und sogar die Königsfamilie gönnte sich hier ab und an ein Wässerchen. Das berühmte eben, Porlabrunn. Aber das war gestern. So wirken die für ein 38-Seelen-Dorf auffallend großen Gebäude ein bißchen wie Kulissen, stehengeblieben, aber immer noch adrett. Für meine Großstadtohren ist es absolut still. Kein Autogeräusch ist zu hören, keine Maschine und – plötzlich fällt es mir auf – auch keine menschliche Stimme. Porla scheint an diesem frühen

Samstag abend menschenleer! Und hier soll es ein Hotel geben – mit dem bescheidenen namen »Slottet«, ein Schloßhotel! Etwa zweihundert Meter weiter, kurz vor dem Ende der Kulisse, entdecke ich über einer Eingangstür mehrere bunte Fahnen, darunter die schwedische und die deutsche. Beim Näherkommen erkenne ich erstens das große Namensschild und zweitens, daß das Holz einen neuen Anstrich gut vertragen könnte. Vom Besitzer weiß ich nur, daß er Günter heißen und Deutsch sprechen soll. Nach den vielfältigen Eindrücken, die ich im Laufe des Tages habe sammeln dürfen, gehört der beim Betreten des Gebäudes zu den nachhaltigsten. Ich werde eingetaucht in das tiefe Weinrot der ältlichen Samttapete, die mir zudem mit schwungvollen güldenen Ornamenten geschmacklich den Atem raubt. Etliche Wandmessingteller strahlen mir entgegen, Geweihe unterschiedlichster Größe stechen in die etwas drückende Luft. An die Wand gelehnt verleihen Reisigbesen dem Ganzen dann noch einen Schuß von Bäuerlichkeit. Der Blick in den Speisesaal offenbart den besonderen Charme der leicht angestaubten sechziger Jahre. Als ich dann noch unter der Glasplatte an der eher kleinen Rezeption private Schnappschüsse mit Roger Moore erblicke, überkommt mich eine dumpfe Unsicherheit. Was treibt eine Frau im Alter von fast siebzig Jahren, bekannt und beliebt weit über Berlins Grenzen hinaus, geehrt mit dem Bundesverdienstkreuz, verwachsen mit ihrem Zuhause, dem Gründerzeitmuseum

Mahlsdorf, ausgerechnet hierher, an diesen skurrilen Ort?

Aber da kommt schon Günter um die Ecke, ein ausgesprochen gutaussehender Endfünfziger, den es vor zwanzig Jahren warum auch immer hierher verschlagen hat. Ja, ja, murmelt er etwas fahrig, die Fotos mit dem 007-Filmhelden habe er in einem Hotel seiner Frau auf Korfu gemacht. Günter wirkt etwas abgehetzt, aber er mache ja auch alles allein in diesem großen Hotel, die Rezeption, die Zimmer, das Essen. Es klingt ein wenig vorwurfsvoll. In meinem Zimmer angekommen, das trotz seiner Bescheidenheit recht gemütlich wirkt, kann ich die Frage nicht länger verdrängen, ob ich der einzige Gast in diesem Hotel bin. Von da an kriege ich den amerikanischen Spielfilm »Barton Fink« einfach nicht mehr aus dem Kopf, in dessen Verlauf einem jungen Gast in einem Provinzhotel das Grauen pur widerfährt.

Allen Merkwürdigkeiten zum Trotz und nach einem ersten Besuch bei Charlotte schlafe ich zehn Stunden tief und fest. Ich traue meinen Augen nicht, als ich dann am Morgen den Kopf aus dem Hotel strecke. Mitten in Porla, vor dem Pavillon, steht tatsächlich ein Reisebus! Als mir Charlotte gestern abend in ihrer Museumsküche davon erzählte, wie viele Menschen hier regelmäßig herkommen, war ich leicht skeptisch. Für 12 Uhr ist heute die erste Führung durch das Museum angesetzt. Es ist Sonntag. Vielleicht trägt

Charlotte deshalb Nahtstrümpfe zu dem luftigen, geblümten Sommerkleid. Die ersten Besucher bestaunen das sogenannte Herrenzimmer. Da wartet schon die nächste Gruppe vor der Tür. Charlotte düst zurück zur Kasse, um den Verkauf der Billetts zu regeln. Sie legt ein Tempo vor, daß ihre weißen Haare durchs Haus wehen. Die Museumseröffnung in der sogenannten Villa Hamilton war am 31. Mai 1997, und schnell hat sich rumgesprochen, daß hier in Porla eine außergewöhnliche Person Außergewöhnliches tut. Die Besonderheiten der insgesamt sechs Räume erklärt Charlotte auf englisch, und ihre Liebenswürdigkeit hat etwas Rührendes. Die Besucher lauschen andächtig ihren Ausführungen und scheinen unschlüssig, was sie denn nun spannender finden, die Gründerzeitmöbel oder die ältere Dame, die eigentlich ein Herr ist, dem das Alter leider die schulterlange Frisur durch einen mittig angelegten kreisrunden Haarausfall ein wenig beeinträchtigt.

Ausgesprochen angetan sind sie alle von den seltenen Musikautomaten. Dem ersten aus dem Jahre 1877 schraubt Charlotte den Hörtrichter an, kurbelt eine Weile, nichts passiert. »Oh, excuse me, I made a mistake!« Charlotte scheint ein wenig nervös, beginnt die Prozedur von vorn, und schon ist die knapp hundert Jahre alte Musikwalze bei 160 Umdrehungen pro Minute zu neuem Leben erweckt. Durch die schwedische »Villa Hamilton« klingt die »Mondnacht auf der Alster«. Wenn Charlotte nach der Musikvorführung die einzelnen Stücke eines Zimmers mit genauen Jahresangaben erklärt hat, fordert sie die Gäste in ihrem Englisch mit Berliner Akzent auf: »Now you can visit the next room, please!« und zum please macht sie jedesmal, wirklich jedesmal einen grazilen Knicks.

Das Museum, welches bis vor kurzem ein ganz normales, aus Holz gebautes Wohnhaus war, bietet sechs Räume mit Möbeln aus dem späten 19. Jahrhundert. Da ist das Schlafzimmer ihrer Urgroßtante, das Charlottes Mutter bis zu ihrem Tod bewohnt hat. Dann das Speisezimmer aus dem Jahre 1890, dazu die Küche, ein kleines Wohnzimmer, ein roter Salon und das eben schon erwähnte Herrenzimmer. »Ich hab' ja die Möbelchen um mich«, sagt Charlotte, wenn sie auf eine denkbare Einsamkeit in der schwedischen Provinz angesprochen wird. Im Laufe ihres Lebens war sie dreimal fest liiert, aber seit ihr letzter Lebensgefährte, Jochen, gestorben ist, scheint sie sich an den Gedanken gewöhnt zu haben, ihr weiteres Leben ohne festen Partner zu verbringen. »Ich bin schon 'ne Schwuchtelliese gewesen!« kokettiert sie, das sexuelle Verlangen sei doch bei jedem gesunden Menschen da, und gesund sei sie ja. Aber hier vermisse sie es gar nicht. »Ich hab meine Sexualität absorbiert!« Nach Jochens Tod, noch vor dem Mauerfall, habe sie einmal ein Inserat aufgegeben. Der Kreis war ja von vornherein eingeschränkt, etwas Junges wäre gar nicht in Frage gekommen und auf jeden Fall nur Nichtraucher. Dann wurde sie von einem stattlichen

Herrn zu sich nach Hause eingeladen. Stolz wie Oskar habe er ihr dann seine Majorsuniform gezeigt und seine ganzen Orden und Ehrenzeichen. Und das ihr, der eingefleischten Pazifistin! Sie habe ihr Röckchen hochgenommen und brav die ganzen Schubkästen inspiziert, bis er versucht habe, sie um die Taille zu greifen und ins Schlafzimmer zu ziehen. Na, da hat sie aber ganz höflich darauf hingewiesen, daß es jetzt doch schon spät sei und sie erwartet würde. Das mit den Inseraten hat sie dann aufgegeben. In den fünfziger Jahren, da sei sie oft nach Westberlin rüber, zu den Treffs und in die Sex-Kinos, aber seit Aids sei sie sehr vorsichtig geworden. Für fünf Minuten die Gesundheit aufs Spiel setzen – det lohnt doch nich! Die Möbelchen seien ihr eh immer wichtiger gewesen. Wenn sich früher Männer angesagt hätten und nicht kamen, na dann habe sie eben staubgewischt. Zehn nackte Männer hätten auf der Freitreppe warten können, »Für 'n neues Kommödchen hätt' ich die alle stehen gelassen«. Sie sei schon auch gerne mal verführt worden, aber ihre Grundhaltung war die weibliche Zurückhaltung. »Ich wollt' mich immer erst unterhalten und wissen, woher kommt das Menschenkind, und hat es ein gutes Herz?«

Es ist erstaunlich, wie oft dieser Mensch, der in seinem Leben so hart gekämpft hat, die Verkleinerungsform anwendet. Die Möbelchen sind ihre engsten Vertrauten, die Butterblümchen ihre Ansprechpartner, das Puppenstübchen, das sie als Kind vom Dachboden holte, war ihr erster großer Stolz. Schließlich war die Puppenkommode von Muttilein, der Frau, die sie gerettet hat, damals, im Jahr 1943. Als sie beziehungsweise er, Lothar Berfelde, gerade 15 Jahre alt, spätabends in das Schlafzimmer des verhaßten Vaters schlich und ihn mit einem Küchenrührholz erschlug. Ihn, der die Mutter geschlagen und mit dem Tod bedroht hatte und den mädchenhaften Sohn gedemütigt und mißhandelt hatte. So wurde der schmächtige Lothar, schon damals in der Schule Lottchen genannt, zum Vatermörder und Familienhelden. Sicherlich die männlichste Tat dieses Lebens, charakterisiert sich Charlotte doch sonst vor allem als weiblich und ausgesprochen zartbesaitet. Verurteilt vom Jugendgericht, mußte der junge Totschläger wegen der Kriegswirren nicht lange hinter Gittern bleiben. Nie wieder hat Charlotte zurückgeschlagen. Auch nicht, wenn sie in der DDR, in der Homosexualität totgeschwiegen wurde, in ihren meist glockenförmigen, roten Röcken als Lachnummer herhalten mußte. »Ausgelachtwerden habe ich als ganz normal genommen. Ich bin da ja mit Schirmchen und mit Häkelkörbchen durch die Straßen gelaufen. Und wenn die dann im Laden sagten: Kiek mal, da kommt wieder Lucie mit dem roten Mantel ...«, sie macht eine Pause und lächelt in sich hinein, »aber wenn die dann ins Museum kamen!«

Schon bald nach dem Krieg hatte es ihr Schloß Friedrichsfeld angetan. 1695 erbaut, befand es sich in einem jämmerlichen Zustand und sollte von den Russen abgerissen werden. Charlotte führte die ersten notdürftigen Reparaturen selbst durch und blieb in diesem Haus viele Jahre – eine frühe Form von geglückter Instandbesetzung. Anfang der sechziger Jahre sah sie aus einer fahrenden Straßenbahn das halb verfallene Schloß Mahlsdorf, ein eindrucksvolles spätbarockes Gutshaus. »Dieses Haus ist mein Schicksal«, schreibt Charlotte in ihrem Lebensrückblick. Sie schildert, wie sie auch dieses Gebäude vor dem Abriß retten und sich ihren Traum vom eigenen Museum mit im Laufe der Zeit gesammelten Gründerzeitmöbeln verwirklichen konnte. Sie ist einfach überall hingegangen, wo immer Brauchbares zum Ausbau zu finden war. Solange sie lebe, schrieb sie noch 1992, wolle sie sich für dieses Haus und Museum einsetzen.

Warum hat sie Deutschland den Rücken gekehrt?

An einem Maiabend im Jahr 1991 feierten Schwule und Lesben im Garten des Museums ein Frühlingsfest, das von jungen Rechtsradikalen gewaltsam beendet wurde. Der Schock darüber sitzt Charlotte heute noch tief in den Knochen. Kein zweites Mal im Leben wolle sie erleben, was die braune Pest zerstören kann, erklärt sie deutschen Besuchern am Ende der Führung. Aber auch die Auseinandersetzungen um die Anerkennung und Finanzierung von Schloß Mahlsdorf zerrten an ihren Nerven. Sie ging mit einer Art Abfindungssumme in der Tasche. Kaum hatte sie Deutschland verlassen, erschienen Berichte über Charlottes vermeintliche Stasikontakte. Und auch ihre angebliche Geschäftstüchtigkeit in Zusammenhang mit Mahlsdorf wurde in der Presse breit thematisiert. Ich merke der sonst so friedvoll wirkenden Charlotte ihre Wut an, wenn sie darauf angesprochen wird. Ihre Bitterkeit darüber, daß ausgerechnet in Schwulenzeitungen über die Cleverness der »Vorzeigetranse Ost« spekuliert wird. »Zeitungsgeschmier« nennt sie das und will ein Buch schreiben, um sich zu rechtfertigen. Und ausnahmsweise lächelt Charlotte einmal nicht.

Wieso eigentlich ausgerechnet Porla in Schweden? Sie sprach früher einmal von Holland oder Dänemark als einem toleranteren Land. Es waren ihre Wahlverwandten, die ihr die Entscheidung leichtgemacht haben. Seit Jahren schon lebt Charlotte von Mahlsdorf mit zwei jungen Lesben zusammen, Beate und Sylvia. Beate hat sie adoptiert. Damit der Nachlaß geregelt ist. Irgendwann gesellte sich Moritz dazu, der in Porla im Garten gegenüber der Villa Hamilton einen Original-Wigwam errichtet hat und sehr schweigsam erscheint. 1994 meldeten sich die beiden Frauen telefonisch aus Schweden bei Charlotte und riefen Heureka – wir haben es gefunden. Das Haus, den Traum, die Freiheit. Charlotte kam, sah und zahlte. Daß der Preis halsabschneiderisch hoch war, weiß sie inzwischen nach der Begutachtung durch Experten. Aber es war ja alles so schön. Weit weg von deutschen Neonazis, weit weg vom Berliner Senat, ganz nah an den Träumen eines neuen Lebens. Die Wahlfamilie hat sich eingerichtet. Die jungen Frauen im Haus gegenüber, die Eltern der einen haben einen Trakt in der Villa Hamilton bezogen, Moritz macht Feuer im Wigwam. Charlotte bewohnt im Museum kein eigenes Zimmer. Sie nutzt einen kleinen Wintergarten als Eß- und Entspannungsplatz und schläft museumsreif im Gründerzeit-Schlafzimmer, durch das sie am nächsten Morgen ihre Besucher führt. Sylvia schwärmt von Schweden und dem wirklich alternativen Leben. »Ich habe alles, auch mein Vertrauen, in die Hände der Mädchen gelegt.« Warum am Sonntag niemand der Wahlverwandten an der Kasse aushilft, weiß ich nicht. Sie wird sich dran gewöhnen müssen. Die Frauen haben ihr eröffnet, daß sie 60 Kilometer weiter weg ziehen, auf einen kleinen Bauernhof, die Eltern, Moritz und drei Hunde ziehen mit. Da ist es wohl noch schöner als in Porla. Charlotte bleibt allein zurück. Ja, ja, natürlich ist sie einverstanden, beschwichtigt sie übereifrig. Aber überrascht war sie schon. Nein, Langeweile oder Einsamkeit wird sie nicht haben. Sie hat doch ihre Möbelchen. Und ihre Besucher. Und sie hat sowieso die meiste Zeit ihres Lebens allein verbracht. Sie weiß nur nicht, wie sie nun zu ihrem Sprachkurs kommen kann. Der findet in Laxo statt, das sind hin und zurück 12 bis 13 Kilometer, und mit dem Fahrrad ist das im Winter nicht so ohne. Ja, der Mercedes Kombi vor der Tür gehöre schon ihr. Aber sie hat ja gar keinen Führerschein, und die Mädels brauchen den ja auf ihrem Bauernhof.

Es ist dunkel geworden in der Museumsküche, in der mir Charlotte so viel erzählt hat von ihrem Leben. Sie hat während des Gesprächs kein Licht angemacht. Sie wirkt nicht müde, obwohl es sehr spät ist und ihre Stimme ziemlich mitgenommen klingt. Zwei Abende zuvor war sie leichtsinnig, ist mit dem Fahrrad in die weiten schwedischen Wälder hineingefahren und hat sich erkältet. Wenn sie da mit dem Fahrrad durchfährt, ist sie ganz glücklich, erklärt Charlotte strahlend, und ich sehe sie, mit ihren schlohweißen Haaren und ihrem wehenden Rock im Wind. Bestimmt ist er rot…

Sie ist eine der bekanntesten zeitgen ssischen Schriftstellerinnen — und eine der provozierendsten Feministinnen. Sie hat der Frauenbewegung eine neue Ausdrucksm glichkeit gegeben — weil sie eine eigene Sprache der erotischen Leidenschaft gefunden hat. Diese geh rt f r Beno te Groult genauso zur Emanzipation wie die politische, soziale und kulturelle Gleichstellung der Frauen.

Beno te Groult sagt von sich selbst, dass sie erst ab Mitte vierzig ihr Leben in die Hand genommen hat. Erst sp t fand sie zum Schreiben. Literatur ist f r sie ein Aktionsmittel, denn ¨das Wort kann befreien˙.

¨Salz der Freiheit˙ ist ein mitrei§endes Buch ber ein unkonventionelles Leben: ein Leben der Liebe in allen Facetten dieses Gef hls und ein Leben gegen die Unterdr ckung und f r die Befreiung der Frau.

Florence Herv

¨Salz der Freiheit˙
Beno te Groult
25 Abbildungen
Originalausgabe

Mit zahlreichen Fotos aus dem Privatarchiv von Beno te Groult.

Econ | **ULLSTEIN** | List

Ein Leben für Kunst und Leidenschaft – das ist das Prinzip der Yoko Ono. Kompromisslos und ohne zu zögern besetzt sie mit Vorliebe extreme Positionen. Bekannt – und berüchtigt – wurde sie als Frau von John Lennon, dabei war sie längst vor ihm eine vielbeachtete Künstlerin, die alle traditionellen Formen über Bord warf. Sie experimentierte mit Fluxus, Dada, Happenings. Ihre Kunst ist schrill und bizarr, aber auch sehr poetisch und humorvoll.

So viel Talent und Charakter wecken Neid und Aggression. Sie war verschrien als Zerstörerin der Beatles (was längst widerlegt ist), als Drachenlady und Hexe. Doch in den letzten Jahren zeigt sich ein Wandel in der Beurteilung: Yoko Ono wird als eigenständige Künstlerin gefeiert, selbst in konservativen Zeitungen.

Sie ist eine Rebellin im klassischen Sinn – in dieser ersten deutschsprachigen Biographie wird ihr der Respekt zuteil, der ihr schon lange gebührt.

Klaus Hübner

»Leben auf dünnem Eis«
Yoko Ono
20 Abbildungen
Originalausgabe

»Ein reizvolles Buch«
Rheinische Post

Econ ULLSTEIN List